壮丽皇宫

三大故宫的建筑壮景

肖东发 主编　周丽霞 编著

中国出版集团

现代出版社

图书在版编目（CIP）数据

壮丽皇宫：三大故宫的建筑壮景 / 周丽霞编著. — 北京：现代出版社，2014.7（2019.1重印）
ISBN 978-7-5143-2290-3

Ⅰ．①壮… Ⅱ．①周… Ⅲ．①宫殿－介绍－中国 Ⅳ．①K928.74

中国版本图书馆CIP数据核字(2014)第159604号

壮丽皇宫：三大故宫的建筑壮景

主 编：	肖东发
作 者：	周丽霞
责任编辑：	王敬一
出版发行：	现代出版社
通信地址：	北京市定安门外安华里504号
邮政编码：	100011
电 话：	010-64267325 64245264（传真）
网 址：	www.1980xd.com
电子邮箱：	xiandai@cnpitc.com.cn
印 刷：	三河市华晨印务有限公司
开 本：	710mm×1000mm 1/16
印 张：	10
版 次：	2015年4月第1版 2021年3月第4次印刷
书 号：	ISBN 978-7-5143-2290-3
定 价：	29.80元

党的十八大报告指出："文化是民族的血脉，是人民的精神家园。全面建成小康社会，实现中华民族伟大复兴，必须推动社会主义文化大发展大繁荣，兴起社会主义文化建设新高潮，提高国家文化软实力，发挥文化引领风尚、教育人民、服务社会、推动发展的作用。"

我国经过改革开放的历程，推进了民族振兴、国家富强、人民幸福的中国梦，推进了伟大复兴的历史进程。文化是立国之根，实现中国梦也是我国文化实现伟大复兴的过程，并最终体现为文化的发展繁荣。习近平指出，博大精深的中国优秀传统文化是我们在世界文化激荡中站稳脚跟的根基。中华文化源远流长，积淀着中华民族最深层的精神追求，代表着中华民族独特的精神标识，为中华民族生生不息、发展壮大提供了丰厚滋养。我们要认识中华文化的独特创造、价值理念、鲜明特色，增强文化自信和价值自信。

如今，我们正处在改革开放攻坚和经济发展的转型时期，面对世界各国形形色色的文化现象，面对各种眼花缭乱的现代传媒，我们要坚持文化自信，古为今用、洋为中用、推陈出新，有鉴别地加以对待，有扬弃地予以继承，传承和升华中华优秀传统文化，发展中国特色社会主义文化，增强国家文化软实力。

浩浩历史长河，熊熊文明薪火，中华文化源远流长，滚滚黄河、滔滔长江，是最直接的源头，这两大文化浪涛经过千百年冲刷洗礼和不断交流、融合以及沉淀，最终形成了求同存异、兼收并蓄的辉煌灿烂的中华文明，也是世界上唯一绵延不绝而从没中断的古老文化，并始终充满了生机与活力。

中华文化曾是东方文化摇篮，也是推动世界文明不断前行的动力之一。早在500年前，中华文化的四大发明催生了欧洲文艺复兴运动和地理大发现。中国四大发明先后传到西方，对于促进西方工业社会的形成和发展，曾起到了重要作用。

　　中华文化的力量，已经深深熔铸到我们的生命力、创造力和凝聚力中，是我们民族的基因。中华民族的精神，也已深深植根于绵延数千年的优秀文化传统之中，是我们的精神家园。

　　总之，中华文化博大精深，是中国各族人民五千年来创造、传承下来的物质文明和精神文明的总和，其内容包罗万象，浩若星汉，具有很强的文化纵深，蕴含丰富宝藏。我们要实现中华文化伟大复兴，首先要站在传统文化前沿，薪火相传，一脉相承，弘扬和发展五千年来优秀的、光明的、先进的、科学的、文明的和自豪的文化现象，融合古今中外一切文化精华，构建具有中国特色的现代民族文化，向世界和未来展示中华民族的文化力量、文化价值、文化形态与文化风采。

　　为此，在有关专家指导下，我们收集整理了大量古今资料和最新研究成果，特别编撰了本套大型书系。主要包括独具特色的语言文字、浩如烟海的文化典籍、名扬世界的科技工艺、异彩纷呈的文学艺术、充满智慧的中国哲学、完备而深刻的伦理道德、古风古韵的建筑遗存、深具内涵的自然名胜、悠久传承的历史文明，还有各具特色又相互交融的地域文化和民族文化等，充分显示了中华民族的厚重文化底蕴和强大民族凝聚力，具有极强的系统性、广博性和规模性。

　　本套书系的特点是全景展现，纵横捭阖，内容采取讲故事的方式进行叙述，语言通俗，明白晓畅，图文并茂，形象直观，古风古韵，格调高雅，具有很强的可读性、欣赏性、知识性和延伸性，能够让广大读者全面接触和感受中国文化的丰富内涵，增强中华儿女民族自尊心和文化自豪感，并能很好继承和弘扬中国文化，创造未来中国特色的先进民族文化。

2014年4月18日

世界第一宫殿——南京故宫

古代建筑杰作——北京故宫

满汉艺术杰作——沈阳故宫

南京故宫

南京故宫，又称明故宫、南京明皇宫、南京紫禁城，它是北京故宫的蓝本，是由明朝开国皇帝朱元璋建立的皇宫。

南京故宫在今南京市中山东路南北两侧，占地面积超过100万平方米。始建于1366年，地址在元集庆城外东北郊，初称"吴王新宫"，后改称"皇城"。

南京故宫因为建筑规模宏大，因此被称为"中世纪世界上最大的宫殿"，有"世界第一宫殿"的美誉。

朱元璋南京城选址建皇宫

1368年，农民皇帝朱元璋终于迎来了属于自己事业的春天。这一年他获得了一个当时人人都梦寐以求的职位，这个职位就是代表着天意的皇帝。

农民出身的，让他在思想意识上难有很大的提高，即使他当上了皇帝也不例外。他当上皇帝的第一件事就是盖房子。这个房子可不是一般的房子，那是皇帝住的地方，所以一定要大，一定要讲排场。

朱元璋决定，一定要盖一所

■ 朱元璋（1328—1398），我国明代开国皇帝。他是继汉高祖刘邦以来第二位平民出身的君主，1368—1398年在位，史称明太祖，统治时期被称为"洪武之治"。1398年，朱元璋驾崩于应天皇宫，葬于明孝陵

超级豪华的大皇宫。

刚开始，朱元璋的想法还是很大胆的，他想以应天府为南都城，开封府为北都城，计划1369年在自己的老家安徽凤阳兴建中都城。

因为人力、物力全被集中于中都城池和宫殿的兴建，因此，南京宫殿的修建工作一度中止。此后数年间只对已有宫殿进行了必要的维修。

估计是因为财政上吃紧，或是他觉得老家并不是适合建立中都的风水宝地。所以，在一系列的实践之后，朱元璋终于决定放弃了中都的修建，他集中全部精力修建自己的南京皇城。

1375年，朱元璋放弃营建中都的计划，集中力量修建南京皇城。现在安徽凤阳还有明中都的许多遗址，著名的有凤阳鼓楼。

朱元璋刚当皇帝的时候，明朝还处于经济恢复时期，对于都城建设，朱元璋多次强调节俭的方针，在改建南京宫殿时曾对大臣说："我盖的皇宫不求奢华，需要实用。因为国家现在百废待兴，各个方面都得用钱，我不能开这个浪费的头。"

明初建筑风格也确实如朱元璋要求的一样比较质朴，注重实用性。其他地方建筑受制度约束更严，谁也不敢超过南京皇宫的等级。

■ 南京明故宫遗址公园

凤阳鼓楼 位于安徽省滁州市凤阳县府城镇花铺廊街鼓楼广场，是中都城重要附属建筑，鼓楼由台基和楼宇两部分组成。是我国最大的鼓楼台基。基上楼宇初建之时，鼓楼一直以其高大雄伟为国内之最。台基正中间开3个门洞，中门略大，中上有朱元璋亲书的"万世根本"4个楷书大字。

天人合一 在我国思想史上，"天人合一"是一个基本的信念。天，就是大自然；人，就是人类；天人合一，就是互相理解，结成友谊。天人合一是我国古代的一种政治哲学思想。

朱元璋本人非常迷信，他很相信风水和龙脉这一说法，于是在建造这座宫殿的时候，他也是绞尽脑汁，请了很多术士高人协助，他期待把皇宫建造得"天人合一"。

朱元璋在建都之前，曾派专门官员到长安、洛阳和开封等地，对唐宋以来的宫殿和都城建设进行了考察，以资参考。

因此南京皇宫无论在布局、坛庙规格、宫门坐落和殿堂结构，以及前朝和大门、宫苑的名称和制度等，都有汉唐以来的依据可寻，但在规划原则上则是依照《周礼·考工记》和前朝后寝和左祖右社而制。

可以说，作为古代建筑艺术的皇宫，作为封建社会"上层建筑"的表现形式之一，至明代已经发展到集前朝之大成的地步了。

朱元璋手下有一位鼎鼎大名的军师，叫刘伯温。在朱元璋没有当皇帝之前，他就认定朱元璋有帝王之相，非得要辅佐朱元璋成就大业。朱元璋果然如刘伯温所说，成为大明朝的开国之君。

因此，朱元璋对刘伯温言听计从，简直对他有点崇拜了。所以在给自己皇宫选

■ 南京明故宫遗址

址的时候，他非要刘伯温来亲自做这件事。

因为在朱元璋看来，刘伯温的玄学造诣早就登峰造极了，由他来选择合适的地址建造皇宫，应该可保大明江山千秋万代不倒。

不过朱元璋生性多疑，在跟刘伯温接触的多年里，他对刘伯温的忠诚度依然存有怀疑。所以他在选址的时候，还是请了刘伯温的师父黄楚望和张铁冠道人，以及一些没什么名气的风水师来选。

为了防止作弊，他还让这些人不能互相商量，每个人把修建皇宫的地址写在纸条上给他看。

说来也奇怪，这些人选址的答案却非常惊人，都是出奇的一致，他们都决定在南京城东边的一角来建立皇宫。

朱元璋把宫城建立于城东的

■ 朱元璋与刘伯温蜡像

钟山南侧，北倚钟山的"龙头"富贵山，并以此为镇守皇宫安宁的靠山。他放弃了平坦的中心地带，也就是放弃了对原南唐宫殿旧址的利用，而采用填湖造宫的办法来建设南京皇宫。

究其原因，除了忌讳原来建立宫殿的王朝短命之外，还有一点是那里地方狭窄，不符合新王朝的要求，而且旧城居民居住密集，又有诸多功臣的府第，大量拆迁也得花一大笔安置补偿金。

加上南京地属丘陵地带，平地非常难找，所以选择依山而建，能让皇宫创造出气势宏伟的效果。

这种选址，在金陵是有先例可遵循的，六朝宫城便是选择在鸡笼山和覆舟山下的一片高河漫滩上，东濒青溪，西达五台，鸡笼山和覆舟山就像天然屏风一样挡在宫城之后。

明朝南京宫城则以富贵山为依托，并巧用原来的东渠作为皇城西城隍，将午门以北的内五龙桥、承天门以南的外五龙桥和宫城城濠与南京城水系相互联

■ 朱元璋与大臣同议国事蜡像

通，取得人工和自然相互辉映的效果。

■ 朱元璋查看正在建设中的故宫蜡像

不过这种选址是违背我国民间风水学中"择中立宫"的基本准则的。另外，在南京城东面建立皇宫，最大的问题是这里有一片湖水，如果填湖建宫，那更是费时费力。

■ 朱元璋石像

另外，即使湖水被填平，也会导致地基不稳，甚至下陷。这样，皇宫就会前高后低，这在风水学上是大忌。这也就预示着朱元璋的后世子孙不会有人再能超越他了。

不过这些问题，朱元璋当时都没考虑到。等他醒过神的时候，皇宫已

■ 南京明故宫建筑

经修建好了。朱元璋心里很难受，总想迁都，可是一直没完成。

以至于到了朱元璋65岁时他突然说：

> 朕经营天下数十年，事事按古有绪。唯宫城前昂后洼，形势不称。本欲迁都，今朕年老，精力已倦。又天下新定，不欲劳民。且废兴有数，只得听天。唯愿鉴朕此心，福其子孙。

当时的朱元璋已经意识到，王朝的兴衰成败自有天命，他只求老天能念他的一片赤诚之心，造福他的子孙后代。

阅读链接

传说当年朱元璋修建南京皇宫的时候，是填埋南京中山门外北侧的燕雀湖，并以此为地基的。朱元璋为了占据"龙头"并沾上龙气，于是下令调集几十万民工，开始填湖建宫。可是当时的燕雀湖和后来的玄武湖差不多大，而且地势低洼，填湖填了好久都未能填满，那么怎么办呢？

当时，传言江宁有个老汉叫田德满。朱元璋听说有人叫"填得满"，就派人去找这个人。老汉被找来以后，开始被当作神一样，还煞有介事地举行了一些祭祀仪式。而后朱元璋将田德满封为"湖神"，等一切妥当之后，便把他绑了起来，扔到湖里去了。

据说不久燕雀湖还真的被填满了。所以，老南京有一种说法叫作"湖神田德满"。

皇城之内尽显帝王神圣

朱元璋指令下面的人设计南京皇宫的时候，就一个指导思想，那就是一定要庄严神圣。

朱元璋本人是从社会的最底层挣脱出来的，所以他总是希望自己显得高贵一些，神圣一些。于是，朱元璋打着神圣的幌子，自然能让下面的人从内心对自己俯首帖耳。

朱元璋手下的工匠们不敢怠慢，日夜操劳，终于满足了朱元璋的要求。

皇城，是护卫宫城最近的一道城垣，环绕宫城等距而建。永乐年间拓皇城西垣，致使西华门至西安门的距离要比东华门至东安门的距离长一倍左右，平面呈倒"凸"字

南京故宫遗址

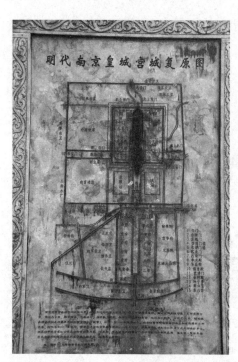

明代南京皇城宫城复原图

■ 南京故宫遗址复原图

形。皇城与宫城以及所囊括的建筑，合称为"皇宫"。

整个明代皇城区，位于南京城的东部，是以皇城与宫城为主体，这一系列建筑的主旨以突出皇权"神圣"为内容，是明初南京城的核心所在。

宫城又称大内、内宫，俗称紫禁城、紫垣，是朱元璋起居、办理朝政、接受中外使臣朝见以及皇室成员居住之地，位于南京4个城垣最里边的一个，有御河环绕。

宫城是在1366年由精通风水之术的刘伯温占卜后填湖而建，因而地势南高北低。宫城坐北朝南，平面图形似长方形，宫墙主体南北长约950米，东西宽约750米，周长约3.4千米。

在宫城墙体之上，最早开有4座城门，1382年改建有6座城门。

南面正门为午门，午门左右两侧为左掖门和右掖门，西门为西华门，东门为东华门，北门为玄武门。

玄武门，俗称"厚载门"，取自《易经》坤卦："地势坤，君子以厚德载物"。

午门前，是传达圣旨及朝廷发布公告的地方，也是皇帝处罚大臣"廷杖"之地。

《明史·刑法志》曾被著名史学家全祖望赞许为

"淋漓痛切，以为后王殷鉴"，其中主要说的就是廷杖和厂卫这两项明朝独有的制度。

《刑法志》认为，廷杖是明朝的发明：

> 刑法有创之自明，不衷古制者，廷杖、东西厂、锦衣卫、镇抚司狱是已。是数者，杀人至惨，而不丽于法。踵而行之，至末造而极。举朝野命，一听之武夫、宦竖之手，良可叹也。

而明史专家吴晗说：

> 廷杖始于元代，元代中书省长官也有在殿廷被杖的记载。朱元璋较元代实行得更普遍、更厉害，无论多大的官员，只要皇帝一不高兴，立刻就把他拖下去痛打一顿。

紫垣 也叫紫微宫，简称紫宫，紫垣原来是指天上的紫微星，后来指传说中天帝的宫殿，在紫微星内。再后来，皇帝居住的地方也称为紫垣，紫禁城的名字也是由此而来。

左掖门 掖，是架着胳膊，扶持的意思。左掖门是指皇宫大门旁边靠左侧的小门。因为不是所有的人都能从大门进出，所以在大门边上设置小门，是出于封建社会礼法的需要。

■ 南京明故宫东华门遗址

世界第一宫殿 南京故宫

壮丽皇宫

三大故宫的建筑壮景

■ 明故宫遗址

最初，执行廷杖的例子并不多。皇帝的本意，也许不过是借此树立威风、叫臣下老实听话罢了。但是由于有了以上的好处，廷杖执行者就更有热情使之"制度化"了。

从午门进入，有宫墙环绕，在午门内的神道尽头，有一座直通陵宫的桥梁，呈一字排列，共5座，又称"五龙桥"。

五龙桥与陵宫处于同一南北中轴线上，桥身做石构单曲拱桥样式。现在仅存中间3座，桥身起券，两侧有散水螭首和护栏望柱。

过了五龙桥，便是奉天门。奉天门左有东角门，右有西角门，门上都有楼阁。

据说当年皇太孙朱允炆被朱元璋立为皇储后，他的几个叔叔不服，皇太孙朱允炆曾与太常寺卿黄子澄在东角门上商讨过对策。

东角门的南边有左顺门，可通文华门入宫城左路到文华殿，也可通东华门；西角门的南边有右顺门，可通武英门入宫城右路到武英殿，也可通西华门。

在宫城的城门中，目前午门的墙体部分遗留了下来，只是门上的五凤楼早已损毁灭失，仅留下石柱础；东华门基本保存完整，西华门已毁。

朱允炆 是明朝第二位皇帝，年号"建文"，建文帝即位以后，他对这几位儒家师傅言听计从，发起了一些政治上和制度上的改革，他对政府内部的权力进行重新分配，也使他自己能实施新政策。看来其意图是大大背离了太祖高皇帝所做的安排，这让他的四叔朱棣找到了造反的借口，在朱棣大军逼近南京的时候，朱允炆下落不明。

■ 南京明故宫遗址

过奉天门就是皇宫最重要的三大殿建筑。奉天殿，是三大殿的主体，上面覆盖琉璃金瓦，双檐重脊，雕梁画栋，朱漆描金雕花的门窗，在阳光下发出耀眼的光芒，这就是人们通常所说的"金銮宝殿"。

它是朱元璋举行重大典礼和接受文武百官朝贺的地方。朱元璋的创业之初，励精图治，他是彻头彻尾的工作狂，与历代皇帝不同的是，他在早朝之外还有午朝和晚朝，规定下属各部有185种事件必须当面请示皇帝。

奉天殿旁左边的房子朝向西边的称为"文楼"，右边的房子朝向东边的称为"武楼"。

奉天殿的后面是华盖殿，它像一座亭子，四面出

世界第一宫殿 南京故宫

早朝 据大明会典记载：早朝时，凌晨3时，大臣到达午门外等候。当午门城楼上的鼓敲响时，大臣就要排好队伍，到凌晨5时左右钟声响起，宫门开启。早朝时，只有四品以上的官员才有机会与皇上对话，大臣向皇帝报告政务，皇帝则提出问题或者作出答复。

■ 南京明故宫建筑

南京明故宫奉天殿

檐，渗金圆顶，殿顶上还缀有硕大的金球一颗。

殿旁东有中左门，西有中右门。每逢春节、冬至和朱元璋的生日，朱元璋都要在这里先行接受内阁大臣和宫廷执事人员的参拜，然后才去奉天殿接受百官的朝贺。

再向后去就是谨身殿，其规模仅次于奉天殿，也是一座双重飞檐的大殿。以奉天、华盖、谨身这3座宏伟的建筑为主，构成了宫城办公区的主体部分。

壮丽皇宫

三大故宫的建筑壮景

阅读链接

南京皇宫的三大殿到新中国成立前就已不复存在，现在的三大殿遗址台基位于中山东路南大门内。

这些台基用斩假石砌成，各台基均高1.05米，它们虽在原址，但规模比原样小，属示意性物体。

其中，奉天殿长64米，宽37米，面积2368平方米；华盖殿长25米，宽25米，面积625平方米；谨身殿长47米，宽26.5米，面积1245.5平方米。

三大殿上共摆放明皇宫石柱础44个，虽均系从遗址发掘出，因无法考证各石柱础原系何殿、何宫、何楼之物，故摆放位置并非原位。三大殿四周配植黄杨绿篱3圈，示意为须弥座台阶，外围为草坪。

朝廷机构和祭祀场所的兴建

　　皇城城垣上的7座城门是后来才修建的。皇城的正南门是洪武门，位于京城正阳门内北面。进洪武门后，为南北向的千步廊，两边建有连续的廊屋，由南而北，到承天门前的横街分别转向东西而成为曲尺形。千步廊后面两侧为"五府六部"朝廷官署的所在地。

　　朝廷一级的官署，基本安置于皇城洪武门内千步廊的两侧。从南向北来看，千步廊东侧为工部、兵部、礼部、户部、吏部、宗人府，千步廊西侧为太常寺、后军都督府、前军都督府、右军都督府、左军都督府、中军都督府，基本是按照文左武右的格局。

　　《洪武京城图志·序》记载："六卿居左，经纬以文；五府处西，镇静以

■明代南京皇城宫城复原图

武。"说的就是这种布局。

在千步廊后面，东侧置有东城兵马司、太医院、詹事府、翰林院；西侧置有钦天监、旗手卫、锦衣卫、通政司。

朱元璋自1368年从"旧内"迁入"新宫"后，原来居住的元御史大夫宅成为应天府署的所在地。当时的南京城一分为二，由江宁县和上元县分管。

江宁县署设在京城聚宝门内镇淮桥西北，上元县署设在城中中正街以西。其他相当数量的朝廷及地方官署，散布于南京城的各个地方。

值得一提的是钦天监，钦天监相当于古代的天文台，在明代南京国子监北面的鸡笼山上，设有明代的"观象台"，由"钦天监"管理，又名"钦天台"，所以鸡笼山在明代也叫"钦天山"。

1385年，朱元璋将观象台扩建为国家天文台，比世界闻名的英国格林尼治天文台还要早290年。明代天文观测仪器浑仪、简仪和圭表现存于紫金山天文台。

在朝廷官署六部中，只有刑部没有设在洪武门内。刑部、都察院和大理寺并称"三法司"，设置在今南京太平门外的太平堤西侧。据称："三法司门往北一带，旧有大墙，总括三法司、京畿道在内。"

■ 钦天山位于南京鼓楼的东面，北依台城、玄武湖，西连鼓楼岗，东连覆舟山，因刘宋时期山上建立日观台而得名。古时称为"鸡鸣山"，因形似鸡笼又名"鸡笼山"，明时"国朝于山巅置仪表，以测玄纬，名观象台，更名钦天山"。

■ 南京故宫午朝门遗址

以朱元璋在南京期间建造的大概念来看，这些"大围墙"虽然不能与宫城、皇城、京城以及外郭城墙相比，但其耗用的建材和民工，确实相当可观。

当时朝廷全面负责南京建造的机构是工部，而且作为其首要的任务。具体负责南京建造工程的单位是营缮所，仍归工部管辖。该所位于现在南京通济门大街上。

过了外五龙桥就是承天门，这座城门相当于北京天安门。后来，朱元璋下令改建大内金水桥，在宫城南面正中的午门至皇城南面正中的承天门之间，建端门以及端门和承天门楼各5间。

端门两旁的御道东西两侧，建有南北向的宫墙，把东面的太庙、西面的社稷坛隔在外头，使这条御道更加森严，成为通向宫城的唯一交通线，因而承天门虽是建在皇城的正南，实际上是成为进入宫城的正南

浑仪 是以浑天说为理论基础制造、由相应天球坐标系各基本圈的环规及瞄准器构成的古代天文测量天体的仪器。浑仪是我国古代的一种天文观测仪器。古人认为天是圆的，形状像蛋壳，出现在天上的星星是镶嵌在蛋壳上的弹丸，地球则是蛋黄，人们在这个蛋黄上测量日月星辰的位置。

社稷坛 为明清两代祭祀社、稷神祇的祭坛，其位置是依周礼《考工记》"左祖右社"的规定，置于皇宫之右。祖与社都是封建政权的象征。社稷是"太社"和"太稷"的合称，社是土地神，稷是五谷神，两者都是农业社会最重要的根基。

第一道门。

承天门前南北走向的皇墙上，建有衔接长安街东、西相向的长安左门和长安右门；在皇城主城的东面为东安门，西面为西安门，北面为北安门。

在皇城西南角的皇墙下，为宦官诸监所在地。其他各司、局、库、房、厂等为朝廷服务的机构，有的设置在宫城里，有的设在皇城内。

皇宫内、外的河道上，除了建有内、外五龙桥，还在东长安门外附近建有"青龙桥"，在西长安门外附近建有"白虎桥"，也就是玄学常用的所谓"左青龙，右白虎"之制。

朱元璋在南京时期，虽然一再强调要生活简朴，但迷信风水龙脉的朱元璋，在建造殿堂坛庙时，却完全不是如此。其用心之良苦，建造工艺之考究，令人瞠目。

■ 明故宫遗址内的古桥

■ 明故宫遗址城墙

以祭祀的坛庙为例，朱元璋先后建造、改建过的主要祭祀坛庙有：圜丘、方丘、天地坛，社坛、稷坛、社稷坛，太庙、帝王庙、功臣庙等20多座。

当然，这些建筑现已无存，我们只能通过史料中的文字，来想象当年散布于南京城墙内外的这些建筑的模样和规制。

圜丘建于1367年，是祭"天"之所。在京城东南正阳门外钟山之南面，仿汉制为坛二层。第一层宽约21米，高约25米，四面有台阶。正南台阶有9级，宽约2.85米；东、西、北四面的台阶也有9级，但是这三面的台阶明显要比正南面的台阶窄很多。从坛的表面直至坛基，全部用琉璃砖垒砌，四面以琉璃栏杆围绕。

第二层周围坛面宽约8米，高约2.5米。正南有9级台阶，宽约3.8米；东、南、北一样是9级台阶，都是

宦官 是我国古代专供皇帝、君主及其家族役使的官员。在先秦和西汉时期并不全都是阉人。自东汉开始，则全为被阉割后失去性能力而成为不男不女的中性人。又称寺人、阉人、阉官、宦者、中官、内官、内臣、内侍、内监等。

壮丽皇宫

三大故宫的建筑壮景

■ 明故宫遗址

谷神 是生养之
神，可称为原始
的母体。万物都
从这原始母体之
门产生，可以
说他是万物的本
根。他绵绵不
绝，似亡实存，
使用他永远不会
穷尽。我国有悠
久的农耕文明
史，崇尚谷神的
风俗十分普遍。
谷神也就是崇祀
植物谷子，实属
自然神。

比正南面的台阶略窄一些，坛面以及栏杆都和第一层一样。

方丘是祭"地"之所。其制式大致与圜丘同。圜丘与方丘，一个祭天，一个祭地，取"天圆地方"之意。

1377年，朱元璋感到"天地犹父母，父母异处，人情有所未安""乃命即圜丘旧址为坛，而以屋覆之，名大祀殿"，也就是后人所称的天地坛。

社稷坛初建于1367年，用于祭祀土神和谷神之所。据史书记载：

> 在宫城之西南，背北向。社东稷西，各广五丈，高五尺，四出陛，第陛五级。坛用五色土，色各随共方。

早期的社稷坛，实际是"社坛"和"稷坛"两座坛，共用一个地方。直至1377年，才"改建社稷坛于午门之右，共为一坛"。

太庙初建于1367年，祭祀朱元璋一系的祖先之所，位于宫城东南，与社稷坛隔御道相向。不同祖先分居不同的庙宇之内。

史书记载：

> 皇高祖居中，皇曾祖东第一，皇祖西第一，皇考东第二，皆南向，每座庙中供奉神主，东西两夹室，旁两庑，设三门。
>
> 每门皆设戟二十四，外为都官，正门之南，别为斋次。正殿两廊楹室崇深，功臣配享，左有神宫监。
>
> 洪武八年，改建太庙，前殿后寝，殿翼皆有两庑，寝殿九间，奉藏神主，为同堂异室之侧。

除了上述这些主要殿堂坛庙之外，明初在南京最集中建造的庙宇，要算设置在鸡鸣山南边山脚下的祭庙。如帝王庙、城隍庙、真武庙、卞壶庙、蒋忠烈庙、刘越王庙、曹武惠王庙、元卫国公庙、功臣庙、五显庙、关羽庙等，号称"十庙"。

这些如此集中排列在鸡鸣

真武 亦称"玄武"，俗称"真武大帝""玄天上帝"。道教所奉的神。相传古净乐国王太子，生而神猛，遇天神授以宝剑，入湖北武当山修炼，经过42年而功成，白日飞升，威镇北方，号玄武君。宋讳玄字，因称真武。

■ 朱元璋塑像

■ 鸡鸣山寺庙

山下的祭庙和所祭祀的对象，显然远远超出了一般庙宇的功能。

　　洪武年间在南京建造的坛庙还不仅仅这些，如在金川门外设置的龙江坛、定淮门外设置的晏公庙、神策门外设置的无祀鬼神庙、狮子山上设置的徐将军庙等。

　　应该说，朱元璋建造的这些用于祭祀的殿堂坛庙，实际反映了他因出身卑微而荣登九五之尊后一种文化上和心理上的需求。

　　同时也反映了当时民众对这种社会文化的认同程度，为京城的官员和百姓提供了一处处精神寄托的场所，更是朱元璋借庙堂、神明思想以控制民众思想、用以巩固政权的手段而已。

阅读链接

　　《明实录》记载，1421年初，永乐皇帝下诏将国都由南京迁至北京，于是南京的天地坛就此荒废。

　　为了保持南京古都的天地坛格局，永乐皇帝又在北京修建了一座天地坛，这就是后来的天坛和地坛，这种合祭天地的做法也是从南京沿袭而来。

　　至清朝嘉靖皇帝时，南京的天地坛又改建成天坛和地坛的分设。在现存的南京天地坛遗址上，还留存有天坛埂、石券等遗迹。

历史变迁明故宫不复存在

　　南京皇宫由于是在明朝修建起来的，所以人们又习惯称它为明故宫，这座宫殿经历了600多年的历史演变，到现在为止，宫殿已经荡然无存，只留下一些令人无限感伤的断壁残垣。

　　那么，如此富丽堂皇的皇宫建筑，又是怎样走向衰败、破落以致毁灭的呢？此事还要从明朝的第三任皇帝说起。

　　1402年，朱元璋的第四个儿子朱棣当上了皇帝，由于他在当上皇帝之前，一直住在北京，为此，在他当上皇帝的10多年后，他便迁都到北京，此后，南京故宫便不再使

　■ 朱棣（1360—1424），明朝第三位皇帝，明太祖朱元璋第四子。1402年夺位登基，改年号为永乐。明成祖朱棣即位后5次北征蒙古，缓解其对明朝的威胁；疏通大运河；迁都并营建北京；编撰百科全书《永乐大典》；设立奴儿干都司，以招抚东北少数民族。郑和下西洋沟通了中国同东南亚和印度河沿岸国家。

■ 南京故宫遗址上
的石柱

陪都 是指因政治地理原因或其他政治军事形势的原因，朝廷或国家在正式首都之外选择特定地理位置所建立的辅助性首都。陪都现象在我国最早出现于殷商时期，但是比较正规的陪都始于西周。设置陪都是为了加强对全国的统治。

用，只是作为留都宫殿，委派皇族和内臣管理。

事实上，在朱棣当上皇帝前，南京故宫就曾发生了一次兵变，由于战火，此时的南京故宫已经有了一些损坏。

另外，由于朱棣要迁都北京，所以他又派人在北京修建了一座宫殿。他修宫殿就修宫殿吧，可是，为了使北京的宫殿看上去比南京宫殿更加壮观，这位皇帝又派人在南京故宫内拆卸下许多巨型的石材，劳师动众地运往北京。

经过这么一番折腾，南京故宫当然就显得凌乱不堪了。虽然在以后的明朝，南京还是陪都，但今非昔比了，皇家不在这里，皇宫当然也就无人精心看管。

1449年农历六月，天降雷雨，南京故宫内的谨身殿、华盖殿等宫殿因被雷电击中起火，火灾导致两殿损毁严重。

1522年的初秋，一场暴风雨来临，洪水暴涨起来，南京故宫的一些寝殿和城墙难以幸免，都纷纷坍塌。

1644年，福王朱由崧在此即位，一度建立南明政权。此时的明故宫内大多殿宇已经坍毁无存，南京太庙也早已被焚毁，朱由崧进行了一些修复工作，兴建了奉天门、慈禧殿等建筑。

清灭南明后，改南京为江宁，将明皇城改为八旗驻防城，设置将军衙门和都统衙门于明故宫中。

1684年，康熙皇帝首次南巡，到达江宁，见到残破不堪的南京故宫大为感慨，作《过金陵论》一文写道：

> 道出故宫，荆榛满目，昔者凤阙之巍峨，今则颓垣残壁矣！顷过其城市，间阎巷陌未改旧观，而宫阙无一存者，睹此兴怀，能不有吴宫花草、晋代衣冠之叹耶！

由此可见，此时的明故宫已经是"宫阙无一存者"，变得相当荒凉了。

清朝末年，太平天国之战，使明故宫又经受了一次较大的破坏，除了地下埋藏的石构件基础外，只剩

都统衙门 都统是八旗组织中一旗的最高军政长官。1615年设置，并各设两个辅佐官。1660年定汉名为"都统"，满洲、蒙古、汉军旗各一人，共24人。分掌该旗之户籍、田宅、教养、营制、兵械以及选官序爵、操演训练等军政事务。都统衙门就是都统办公的地方。

025

世界第一宫殿

南京故宫

■ 南京奉天门遗址

奉天门遗址石刻

下一片残垣碎瓦、蛇鼠出没的废墟。

后来，人们又在此地新建了中山东路和逸仙桥。这样一来，明故宫遗址被从中分为南、北两部分，仅存午朝门与地下石柱础等少量遗迹了。

明故宫虽然被毁了，但它的历史地位不可磨灭。

壮丽皇宫

三大故宫的建筑壮景

阅读链接

新中国成以后，荒寂多年的明故宫遗址又重获新生。南京刚一解放，国家领导人便邀请有关的专家、学者座谈，以征求保护意见。

与会者一致认为，这是我国历史上重要的明朝皇宫遗址，应该予以保护，因此决定将明故宫仅存的约350个石柱础就地深埋，埋入路北侧中轴线及其两侧；将中山东路北侧约60万平方米的地辟为南京军区教练场进行保护。

1956年10月，明故宫遗址被公布为江苏省重点文物保护单位，从而使得文物完好地保存至今。

现存的明故宫遗址公园，不仅有大量的精美石刻遗迹，供人们从中遥想当年这座皇宫的辉煌。另外，陆续恢复的东华门、西安门遗址公园，更能让人们从中感受到明初皇气初成的辉煌。

古代建筑杰作

北京故宫

北京故宫位于北京市中心，旧称"紫禁城"，1925年后成为故宫博物院。它是明、清两代的皇宫，是无与伦比的古代宫廷建筑的杰作，也是世界保存下来最大、最完整的木质结构古建筑群。

北京故宫从明初建立，至今已有500多年历史。在这漫长历史中，共有24个皇帝在此治朝理政和起居生活。它经历了多次修缮与扩建，留下了许多沧桑历史，给故宫增添了不少神奇的魅力，具有丰富的文化内涵。

朱棣命蒯祥设计建造皇宫

1402年，朱元璋的第四个儿子朱棣当上了明朝的第三任皇帝。当上皇帝以后，朱棣自然就入住了南京皇宫。

明成祖朱棣画像

可是，这位皇帝在南京城住得并不习惯，这是为什么呢？

原来，在他当上皇帝以前，他一直住在北平，也就是后来的北京，而南京的气候湿热，这和北平的干燥气候比起来，朱棣觉得简直非常地不舒服。

他在南京城委屈地住了四年后，仍然没有适应南方的气候，这让这位皇帝很苦恼。

这时，朱棣的一个大臣丘福看出了朱棣的心思，就对这位皇

■ 紫禁城壁画

帝建议说："皇上，既然您住在南京城不习惯，那就不如去北平重新修建一座宫殿吧！"

朱棣听了这个提议，非常开心，便毫不犹豫地答应了。于是，一场浩大的土木工程拉开了序幕。

朱棣先派人奔赴全国各地去采购名贵木材和石料，然后运送到北平，光是准备工作就持续了整整11年。

修建皇宫需要大量的珍贵木材，珍贵的楠木就是其中一种。楠木多生长在崇山峻岭之中，百姓冒险进山采木，很多人为此丢了性命，后世留下了"入山一千，出山五百"来形容采木所付出的生命代价。

在京东通州有两个地方都叫皇木厂，一个位于张家湾，另一个位于北关立交桥南。

据记载，皇木厂因存储建设北京皇宫所用皇家木材而得名。

据《通州文物志》记载，明永乐年间建北京皇

丘福（1343—1409），今安徽省凤阳人，明永乐时将领。早年在燕王府工作。因多年的辛劳，被授予燕山中护卫千户。后爆发靖难之役，他与朱能、张玉一同夺得北平九门。朱棣登基后，被封淇国公。

■ 北京紫禁城微缩
模型

牌楼 也叫牌坊，最早见于周朝。是一种有柱门形构筑物，一般较高大。最初用于旌表节孝的纪念物，后来在园林、寺观、宫苑、陵墓和街道均有建造，旧时牌楼主要有木、石、木石、砖木、琉璃几种，多设于要道口。牌楼曾作为多届世博会中国馆的门面建筑，吸引了世人的视线。

宫，自云贵、巴蜀、湖广、浙赣等南方所采办之珍贵木材，自大运河运至张家湾，于此上岸储放，然后经陆路运到各建筑工地。

皇木厂南北约120米，东西约100米。皇木扎成木排逆水而运，也有用船装载。运河有些河段一天只能行八九千米，从产地运到通州要两三年，有些木排长达3千米。

皇木在明清之际用于建造或修缮北京皇宫所用之宫殿，以及王府、衙署、试院、学府、城门、牌楼、园林及陵寝等。通州两处皇木厂所储皇木大都用尽。

皇木厂的木材种类有铁花梨、楠木、硬合欢树、紫檀、红木等名贵木材。

据老工匠估算，以故宫的后三宫之一乾清宫为例，从地面码到顶层，木料大约用了5000立方米，这还只是一个宫殿的用木量。

故宫里面9000多间房子，如此浩大的工程，所需木材经年累月，源源不断地通过运河输送到北京，之后才有了"漂来的紫禁城"之说。

在通州北关立交桥南,这里也有皇木厂,据文献记载,在明嘉靖年间,由于紫禁城及皇陵等建筑所需木材甚多,张家湾的皇木厂几近饱和,而南方的木料还在源源不断地运来,因此在此处另建了分厂,储存有铁梨木、大枋木等名贵木种。

开采修建宫殿的石料,同样很艰辛。后来保和殿后那块最大的丹陛石,开采于北京西南的房山。

史书记载了运送它时的情景:数万名劳工在道路两旁每隔500米左右掘一口井,到了寒冬腊月气温足够低时,就从井里打水,把运输的道路泼成冰道,便于石块滑行。即使这样,还是足足用了28天的时间,才送到了宫里。此外,修建故宫还要在苏州烧制专供皇家建筑使用的方砖,同时山东临清也要向北京运送贡砖。

这些各地的材料大部分经由大运河船运而来,因此才有了"先有大运河,再有北京城"这句俗语。

阴阳五行学说

是我国古代朴素唯物论和自发辩证法思想,它认为世界是物质的,物质世界是在阴阳二气作用的推动下孕育而生、发展和变化;此学说认为木、火、土、金、水五种最基本的物质是构成世界不可缺少的元素。这五种物质互相滋生、相互制约,处于不断运动变化中。

■ 北京故宫古建筑

榫卯 主要是在两个木构件上所采用的一种凹凸结合的连接方式。凸出部分叫榫，凹进部分叫卯，这是我国古代建筑和家具及其他木质器械的主要结构方式。

材料准备好后，1417年，朱棣开始从南方调集大量能工巧匠，大兴土木，兴建宫城。

整座宫城是严格按照封建宗法礼制设计规划的，前面3个大殿为外朝，是皇帝处理政务的地方；后面的宫殿群则为内廷，住着后宫嫔妃，是皇帝家庭生活之所。

"左祖右社"和传统的阴阳五行学说，在这座建筑中得到广泛运用。

依照我国古代的星象学说，紫微垣是天帝居住之处，天人对应，所以皇帝的宫殿应称为"紫禁城"。"紫禁城"的名称就是这样得来的。

如果说朱棣是北京故宫总设计师的话，那么，实际负责修建北京故宫的人，就是一个叫"蒯祥"的建筑工匠。蒯祥是江苏吴县人，他出身木匠世家，父亲蒯福就是名匠，明洪武年间曾参加南京明宫城的建筑营造。蒯祥从小聪明伶俐，心灵手巧，善于钻研，能举一反三，青年时便有"巧木匠"之称。

■ 蒯祥（1399—1481），明代著名建筑工匠师。他曾参加或主持多项重大的皇室工程，负责建造的主要工程有北京皇宫、皇宫前三殿、长陵、献陵、裕陵、北京西苑、隆福寺等。

在当时，到北京参与故宫修建的工匠中有一个香山帮，都是江苏吴县人或其门徒。他们往往擅长木工，其中又不乏出色的泥水匠、漆匠、石匠、堆

灰匠、雕塑匠和彩绘匠等。蒯祥是香山帮匠人的头领。

■ 蟠龙石刻

1417年，蒯祥接替父亲，担任"营缮所丞"，设计并直接指挥明宫城的营建工程。

在当时，蒯祥的建筑技艺已达到了炉火纯青和巧夺天工的地步。他精于尺度计算，又擅长榫卯技巧，还能双手握笔同时在一根柱子上绘双龙，"画成合之，双龙如一"，技艺娴熟，出神入化。

在民间一直流传着蒯祥一个故事。

据说建造皇宫时，缅甸国向明朝进贡了一块巨木，朱棣下令把它做成大殿的门槛，但一个木匠不留神锯错了，短了一尺多。木匠吓得脸色煞白，慌忙报告蒯祥。

蒯祥看了，让那个木匠再锯短一尺多，大家都很惊愕。之后，蒯祥就在门槛的两端雕琢了两个龙头，再在边上各镶上一颗珠子，还搞了创新，让门槛可以装卸。皇帝见了十分高兴，大加赞赏。这就是俗称的"金刚腿"活门槛。

蒯祥很聪明，营建宫殿楼阁时，他只需略加计算，便能画出设计图来，待施工完毕后，建筑与图样大小尺寸分毫不差。蒯祥的建筑造诣，得到了极高评价，皇帝每每以"蒯鲁班"称之。

彩绘 在我国自古有之，被称为丹青。其常用于我国传统建筑上绘制的装饰画。我国建筑彩绘的运用和发明可以追溯到2000多年前的春秋时代。它自隋唐期间开始大范围运用，到了清朝进入鼎盛时期，清朝的建筑物大部分都覆盖了精美复杂的彩绘。

■ 北京紫禁城景观

从一品 封建社会九品十八级官制中的第二等级。在明朝时期，官职主要有少师、少傅、少保、太子太师、太傅、太保、都督、同知等。

1436年至1449年间，蒯祥又受命营建乾清宫、坤宁宫和重建故宫三大殿工程。后来，蒯祥还参与了十三陵之一的裕陵兴建，被任命为裕陵的总设计师。

蒯祥到了七八十岁的时候，他仍继续发挥夕阳余晖，俸禄到从一品，并参加了承天门的建造，承天门也就是天安门。

1481年春天，蒯祥在北京病逝。当时皇帝得到消息后，派人前去安排丧事，并将蒯祥当年的居住地和营造业工匠聚集的那条巷命名为"蒯侍郎胡同"。

阅读链接

大多数人都认为，故宫是明代杰出匠师蒯祥设计的。然而，也有人提出了不同意见。持这种观点的专家认为，其实蒯祥只是故宫的施工主持人，故宫真正的设计人应该是名不见经传的蔡信。

1417年，紫禁城宫殿开始进入大规模施工高潮，蒯祥随朱棣从南京来到北京，开始主持宫殿的施工。但在此之前，蔡信已主持故宫和北京城的规划、设计和建造了。因此说，蔡信要比蒯祥更早一步成为故宫的设计者。

四面城门合围大内禁地

1420年，用了14年的时间修建的紫禁城终于完工了，同年冬天，朱棣正式由南京迁都北京，高兴地住了进去。

此后，这里成为明清两代的皇宫，先后居住了24位皇帝。

紫禁城建成后，因为这里是禁止普通老百姓进入的，所以这座宫

北京紫禁城城门

■ 北京故宫护城河

殿也被称为"大内"。作为只能皇室成员和文武百官才能踏入的地方，500年来，紫禁城一直是皇帝的居所和政府的所在。

1925年10月10日，紫禁城成为国家级博物馆并正式对外开放。此后，紫禁城被正式称为故宫。

这座始建于明代的古老宫殿，占地约为72万平方米，建筑面积约15万平方米，共有殿宇8707间，都是砖木结构、黄琉璃瓦顶、青白石底座饰以金碧辉煌的彩绘。

宫殿四面环有高10米的城墙，南北长约960米，东西宽约760米，为世界之最。

宫殿的整个建筑被两道坚固的防线围在中间，外围是一条宽52米，深6米，长3.8千米的护城河，接着就是内围城墙，其周长3千米，墙高近10米，底宽8.62米。

城墙上开有4门，南有午门，北有神武门，东有东华门，西有西华门，城墙四角，还耸立着4座

护城河 也称濠，是我国古时由人工挖凿，环绕整座城、皇宫、寺院等主要建筑的河，具有防御作用，可防止敌人或动物入侵。护城河内沿筑有"壕墙"一道，外逼壕堑，内为夹道，提高了护城河的防御作战能力。我国的护城河，以襄阳护城河宽度为最。

壮丽皇宫

三大故宫的建筑壮景

角楼，楼高27米多，有3层屋檐，72个屋脊，玲珑剔透，造型别致，为我国古建筑中的杰作。

其中，午门是故宫的正门，位于紫禁城南北的轴线上。午门居中向阳，位当子午，故名午门。

午门前有端门、天安门、大清门，其后有太和门，左右为东华门和西华门。各门之内，两侧排列整齐的廊庑。整个宫殿以乾清门为界，南半部为前朝或外朝，北半部为内廷。

午门建成于1420年，1647年重修，1801年再修。

故宫内现存的午门通高37.95米，下为高大的砖石墩台，台正面以垛墙围绕，后面砌宇墙。墩台正中有3个门，正面呈长方形，后为券形，墩台上建五凤楼，围以汉白玉精美栏杆。

午门主楼面阔9间，重檐庑殿顶，其余4楼为重檐攒尖顶，金黄色琉璃瓦与绚丽的彩画交相辉映，气势

■ 北京故宫午门

■ 北京故宫午门

壮丽皇宫

三大故宫的建筑壮景

门阙 是塔楼状建筑，置于道路两旁作为城市、宫殿、坛庙、关隘、官署、陵墓等入口的标志。外观大体分为阙座、阙身与阙檐三部分。阙身依数量有单出、双出与三出，形体多带有较大收分。阙檐有层次之别。檐下多以斜撑或斗拱支承，又是重点装饰所在。

巍峨，宏伟壮丽。

午门后有5座精巧的汉白玉拱桥通太和门。午门中楼左右有钟鼓亭，每逢皇帝在太和殿主持大典时，钟鼓齐鸣，以示威严。

午门的平面呈"凹"字形，沿袭了唐朝大明宫宽近58米的含元殿以及宋朝宫殿丹凤门的形制，是从汉代的门阙演变而来。

午门分上下两部分，下为墩台，高12米，正中开3座门，两侧各有一座掖门，俗称"明三暗五"。墩台两侧设上下城台的马道。

中开 3 座门和2座掖门各有用途：中门为皇帝专用，此外只有皇帝大婚时，皇后乘坐的喜轿可以从中门进宫，又通过殿试选拔的状元、榜眼、探花，在宣布殿试结果后可从中门出宫。东侧门供文武官员出入。西侧门供宗室王公出入。两座掖门只在举行大型活动时开启。

墩台上正中门楼一座，面阔9间，60.05米，进深5间，25米，重檐庑殿顶。墩台两翼各有廊庑13间，俗称"雁翅楼"。廊庑两端建有重檐攒尖顶的方亭。

正楼两侧有钟鼓亭各3间，每遇皇帝亲临天坛、地坛祭祀则钟鼓齐鸣，到太庙祭祀则击鼓，每遇大型活动则钟鼓齐鸣。

午门整座建筑高低错落，左右呼应，形若朱雀展翅，故又有"五凤楼"之称。

东华门是紫禁城东门，始建于1420年。

东华门东向，与西华门遥相对应。门外设有下马碑石，门内金水河南北流向，上架石桥一座，桥北为3座门。东华门以西是文华殿，迤南为銮仪卫大库。

东华门与西华门形制相同，平面矩形，红色城台，白玉须弥座，当中辟3座券门，券洞外方内圆。城台上建有城楼，黄琉璃瓦重檐庑殿顶，基座围以汉白玉栏杆。

城楼面阔5间，进深3间，四周出廊，梁枋绘有墨线大点金旋子彩画。东面檐下"东华门"匾额原为

039

古代建筑杰作

北京故宫

廊庑　指"堂下周屋"，即堂下四周的廊屋。廊指房屋前檐伸出的部分，可避风雨，遮太阳；廊子。前廊后庑。庑下，殿下外屋。分别而言，廊无壁，仅为通道；庑则有壁，可以住人。

须弥座　又名"金刚座"或"须弥坛"，源自印度，是用于安置佛像或菩萨像的台座，外表看起来犹如莲花台一样。佛像安置在上面，有吉祥如意的意思。

■ 北京故宫东华门

内阁 为我国明朝开国皇帝朱元璋执政期间，因丞相胡惟庸谋反，决定废丞相此职，以内阁大学士的组织代之，本意为将其权力降低，事实上最后这个组织却比丞相权力更大。

券门 本指门窗、桥梁等建筑里弧形的部分。在我国古代，由于平时不少士兵是守在城下的，一旦有战事发生，即要登城参加战斗，所以在长城内侧每隔不远就建有一个圆拱形小门，称作"券门"，有石阶通到城墙顶上。

满、蒙、汉3种文字，后减为满、汉2种，现在仅存铜质汉字。

东华门门楼自1758年始用于安放阅兵时所用的棉甲，每隔一年抖晾一次。1763年农历三月，皇帝下旨在东华门外护城河边空闲围房中选用70间，设立仓廒，用于存贮太监应领米石，赐名"恩丰仓"。

清初，东华门只准内阁官员出入，乾隆朝中期，特许年事已高的一二品大员出入。清代大行皇帝、皇后、皇太后的灵柩皆由东华门出，民间俗称"鬼门""阴门"。

西华门是紫禁城的西门，它的位置不在紫禁城西侧城墙正中，而偏向午门一侧，这样的布局与故宫城总体规划有很大关系。此门始建于1420年。门外设有下马碑石。

西华门与东华门形制基本相同，平面矩形，红色城台，汉白玉须弥座，城台当中辟3座券门，券洞外方内圆。门钉为九纵九横，以为极数，代表皇权至上之意。

■北京故宫西华门

■ 北京故宫神武门

城台上建有城楼，黄琉璃瓦重檐庑殿顶，基座围以汉白玉栏杆。

城楼面阔5间，进深3间，四周出廊，梁枋绘墨线大点金旋子彩画。门楼用于安放阅兵所用棉甲及锭钉盔甲。

西面檐下"西华门"匾额原为满、蒙、汉3种文字，后减为满、汉2种，现在同样仅存铜质汉字。

从整体上说，西华门与宫城布局和建筑形成整体呼应的效果。

清时官员进宫办事或觐见出入西华门，必须在西华门外下马或下轿步行出入。

神武门是紫禁城的北门，也是故宫博物院的正门。1420年建成，明代时始称"玄武门"。

故宫内现存的神武门总高31米，平面矩形。基部为汉白玉石须弥座，城台辟门洞3座，上建城楼。楼建于汉白玉基座上，面阔5间，进深1间，四周围廊，环以汉白玉石栏杆。

楼前、后檐明间与左、右次间开门，菱花隔扇门。东、西两山设双扇板门，通城墙及左、右马道。

踏跺 古建筑中的台阶，一般用砖或石条砌造，置于台基与室外地面之间，宋称"踏道"。它不仅有台阶的功能，而且有助于处理从人工建筑到自然环境之间的过渡。踏跺有垂带踏跺和如意踏跺两种形式。垂带是在踏跺两侧由台基至地面斜置的条石。有垂带的台阶称为垂带踏跺。

四面门前各出踏跺。

銮仪卫 位于紫禁城东南角楼处，清代为宫廷服务的机构，掌管帝、后车驾仪仗。1644年设，初沿明制称"锦衣卫"，第二年改称"銮仪卫"。1654年厘定品级、员额，遂成定制。

漏刻 是我国古代的一种计时工具，漏是指带孔的壶，刻是指附有刻度的浮箭。有泄水型和受水型两种。早期多为泄水型漏刻，水从漏壶孔流出，漏壶中的浮箭随水面下降，浮箭上的刻度指示时间。

城楼为重檐庑殿顶，下层单翘单昂五踩斗栱，上层单翘重昂七踩斗栱，梁枋间饰墨线大点金旋子彩画。上檐悬蓝底鎏金铜字满汉文"神武门"华带匾。

顶覆黄色琉璃瓦。楼内顶部为金莲水草天花，地面铺满金砖。神武门对面是北京城内的景山公园。

此门是贯穿北京古城长约8千米中轴线上的一座有其独特作用的宫门。据《养吉斋丛录》等书记载，清代"三楼"，即神武门钟楼与地安门北的钟、鼓楼，都由銮仪卫掌管。并由负责天象和历法的钦天监逐日委派漏刻科博士一员，轮值神武门，指示更点。

每至黄昏时候，神武门钟楼先鸣响108声而后再"起更"。当时，一夜分为五更，也称"五夜"或"五鼓"。

一更约2小时。每到一个"更次"，则由旗鼓手鸣鼓，直至第二天早上，五更已尽，再鸣晨钟，也是108声。地安门北的钟、鼓楼，同样如此，所以古有"晨钟暮鼓"之说。但皇帝住在宫中时，规定神武门不再鸣钟。

玄武为古代四神兽之一，从方位上讲，左青龙，

■ 紫禁城角楼

■ 康熙帝（1654—1722），全名爱新觉罗·玄烨，清朝第四位皇帝、清朝定都北京后第二位皇帝。他8岁登基，在位61年，是我国历史上在位时间最长的皇帝。他是我国统一的多民族国家的捍卫者，奠定了清朝兴盛的根基，开创出康乾盛世的大局面。

右白虎，前朱雀，后玄武，玄武主北方，所以帝王宫殿的北宫门多取名"玄武"之名。清康熙年重修时，因避康熙帝玄烨名讳改称神武门。

神武门是宫内日常出入的重要门禁，明清两代皇后行亲蚕礼即由此门出入。清代每3年一次选秀女，备选者经由此偏门入宫候选。

在我国，清代皇帝后妃的来源与历代不同，它创立了具有自己特点的"选秀女制度"，而神武门则是被选看八旗秀女领进和带出宫廷所必经的皇城大门。

这种严格的选秀女活动，由户部主管，每3年举行一次。选看的前一日，各旗的参领、领催等要事先排定车次，然后按顺序鱼贯衔尾而进。

每辆车上挑挂双灯，各有标志。傍晚发车，入夜经地安门至神武门外等候启门，再以次下车入宫。所乘车辆，即由神武门夹道出东华门，再由崇文门大街一直向北，绕道仍进地安门回到神武门，估计时间已是次日中午左右。

选看完毕的秀女，再按照既定次序退出神武门，登车各归其家。虽千百辆车，却井然不乱，所以人们称之为"排车"。

四神兽 在上古时代，古人把天分为东、西、南、北四宫，分别以青龙为东方之神；白虎为西方之神；朱雀为南方之神；玄武为北方之神，龟蛇合体。于是，青龙、白虎、朱雀、玄武便成为镇守天宫的四神。据说，这四神是最令妖邪胆战心惊并且法力无边的神兽。

孝庄皇后

（1613—1688），蒙古科尔沁部贝勒寨桑之次女。清太宗爱新觉罗·皇太极之妃，孝端文皇后的侄女，顺治帝爱新觉罗·福临的生母。是史上有名的贤后，一生培育、辅佐顺治、康熙两代君主，是清初杰出的女政治家。

据说，在我国乾隆年间，选秀女时车马杂沓，先后凌乱，应选者各自争路，车不得进，不仅时有堕珥遗簪的旗女，而且有交通事故发生。自嘉庆间额驸丹巴多尔济提出上述车辆由神武门向东而西绕行的方法，人皆称便，秀女的车辆就不再因抢道而拥挤不堪了。

鉴于选看秀女时，这种车马辐辏、人员麇集的情况，1801年谕旨规定，应选当日，进宫的大臣官员不准走神武门，必须皆由东华门、西华门入内，就连王子也不准由神武门行走。

另外，神武门既是皇后妃嫔及选看秀女出入的主要宫门，所以在顺治初年，参与大政的孝庄皇后就颁有明谕：

有以缠足女子入宫者斩。

■北京故宫城墙

这道懿旨在早年便高悬在神武门内。清朝初期，

■ 故宫城墙

满汉分别，极为严格。满族女子本是"天足"，缠足的只有汉族妇女，所以孝庄的谕旨，具体反映了清人关之始强烈的民族观念。

不过，这一切都已成为历史，故宫内现存的神武门正以其崭新的雄姿，作为故宫博物院的主要门户之一，迎接着海内外朋友。

古代建筑杰作

北京故宫

阅读链接

在紫禁城的4个城门中，午门、神武门、西华门的门钉均为纵九横九，而只有东边的东华门门钉为纵八横九，这又是怎么回事呢？

在我国古代的阴阳五行学说中，东、西、南、北、中为五方，东属木，西数金，南数火，北数水，中属土。而相生相克的关系为：木生火，火生土，土生金，金生水，水生木；木克土，土克水，水克火，火克金，金克木。在故宫东、西、南、北、中方位系统中，南北轴线上是火生土、土克水的关系，即外生内、内克外。这样，生进克出为吉宅，而东西轴线是木克土、土生金的关系，即外克内、内生外，这样，克进生出则呈凶宅，而凶象中尤以木克土为甚。

为了避凶化吉，我国古代建筑师运用阴阳五行相生相克的原理，将门钉数变为纵八横九，共72颗，即把木化为以偶数为主的阴木，因为木能克土，然而阴木未必能克阳土。而横行还是九路，又不失帝王之尊。

几毁几建的外朝三大殿

明成祖朱棣铜像

话说朱棣迁都北京城不久，有一天，城里来了一位非常古怪的客人。

说他古怪，那是因为他对阴阳八卦非常地精通，善于用八卦预测没有发生的事情，而且他为人们预测的每一件事情也都变成了事实，因此，京城的人都称他为"神算子"。

这件事很快传到了帝王朱棣的耳朵里，此时，这位皇帝正为自己入住了辉煌的紫禁城而兴奋不已，他想，这人既然能够算出没有发生的事，那么何不让这位

"神算子"算一算这紫禁城的命运？于是，精通阴阳八卦的"神算子"被朱棣请入了紫禁城。

■ 朱棣召见"神算子"的场景

朱棣首先让"神算子"参观了紫禁城最豪华的外朝三大殿：奉天殿、华盖殿和谨身殿。并请这位神算预测一下这三大殿的未来。

朱棣满以为这"神算子"会奉承地对他说很多吉言，但让他没想到的是，这"神算子"看了看三大殿后，又是摇头又是叹气。最后，"神算子"遗憾地告诉朱棣，这豪华的三大殿将在第二年的春天被一场大火所烧毁。

这"神算子"的话一说出，立即把朱棣气了个半死，他马上把此人关了起来，想要等到第二年春天看一看此"神算子"预测的真实性。

让朱棣皇帝万万没有想到的是，第二年在三月底四月初时，三大殿被雷电击中，因此烧毁。

朱棣急忙去监狱寻找那个"神算子"，可是，这

阴阳八卦 阴阳，用现在的介绍方法来说就是，二进制的数字计算模式。比如，磁带的磁性是正、负极的，光碟的光性也是2极的，这些都可称为阴阳。八卦，则是在二进制的基础上出现的更方便、更实用的十六进制计算方法。简单地说，就是古代高端数学代言词。

北京紫禁城内的建筑

壮丽皇宫

三大故宫的建筑壮景

"神算子"已经在狱中自杀了。

朱棣认为，这次大火是上天对他修建宫殿造成劳民伤财的惩罚，于是便不再对三大殿进行重建，此后，他就在奉天殿前面的奉天门上办公直至驾崩。

那么，这紫禁城的三大殿为什么会被一场大火所毁呢？根据现在的科学推测得出，因为当时这三大殿修得非常高大，同时，当时的人们还不懂得运用避雷针避雷，所以才会遭到雷击。而那位"神算子"只是估计到了北京第二年春天的天气变化无常，才作出了三大殿的毁灭预测。

可怜这位高高在上的朱棣皇帝，到死都没有弄明白自己最得意的宫殿为何会毁于雷火。

关于这段历史，在现存的史书上，仅仅用了一句话来作了说明："四月庚子，奉天、华盖、谨身三殿灾。"虽然朱棣不愿再去重建这三大殿了，但并不代表他的后代们不重建。

1436年，大明的政权传到了朱棣的重孙明英宗朱祁镇这个9岁的孩子手里。在他当上皇帝之后，他不但让人修建了京城的九门，还在5年后重修了紫禁城的三大殿。

这次的修建时间共用一年半左右，这三大殿修成后，明英宗为它们重新命名为皇极殿、中极殿和建极殿。后来，由于战争，这三大殿到大清朝成立时，再次变成了一片废墟。

1645年，清朝入关后的第一任皇帝顺治帝命人重修紫禁城的三大殿，并改殿名为太和殿、中和殿、保和殿，而且在匾额上也加了满文。

这三大殿修成后，至康熙年间，虽然它们再次遭到了雷火攻击，但凭着康熙大帝的英明神武以及当时国力的强大，很快，这三大殿又被修好，并做了很多防火和防雷的工作。这样一来，紫禁城的三大殿终于完整地保存至现在。

这三大殿在古代时，是皇帝的核心办公地点，也是皇帝们行使权力、举行盛典的地方。它们位于故宫的正门午门后面的奉天门，也就是后来被称为太和门的大门内。

这是故宫中的主要建筑，其高矮造型不同，屋顶形式也不同，显得丰富多样而不呆板。

其中，故宫内现存的太和门就是这三大殿的正门。门外两侧陈设着一对大铜狮，东面的为雄性，前右爪踏一绣球；西面的为雌性，前左爪抚一幼狮。这种宫廷中的装饰既代表豪华，又象征皇帝的尊贵和威严。

古代建筑杰作

北京故宫

■ 顺治帝（1638—1661），是清爱新觉罗皇太极太宗文皇帝的第九子。其母为孝庄文皇后。1643年2月承袭父位，时年6岁，由叔父睿亲王多尔衮及郑亲王济尔哈朗辅政。1644年改元顺治。9月自盛京迁都北京，是于顺治元年入关的清朝的第一位皇帝。14岁开始亲政。

在太和门内，便是占地面积为3万多平方米的三大殿宽敞的封闭式庭院。

位于紫禁城南北主轴线显要位置上的，便是被称为"东方三大殿"之一的太和殿。此殿是紫禁城内体量最大、等级最高的建筑物，也是我国现存最大的木结构大殿。

此殿面阔11间，进深5间，长64米，宽37米，建筑面积2377平方米，高26.92米，连同台基通高35.05米。殿前有宽阔的平台，称为"丹陛"，俗称"月台"。

月台上，有一些皇帝举行典礼时焚烧檀香用的铜香炉，这些香炉一共有18只，代表当时清朝的18个省。

在太和殿殿外的左右两旁，还安放有作为贮水防火之用的4口铜缸，象征"金瓯无缺"。

古人把陈设在殿堂皇屋宇前的大缸，称为"门海"，门海者，盖"门前大海"之意，古人相信，门前有大海，就不会闹火灾了。因此，大缸又称为"吉祥缸"。

北京故宫太和殿

它既是陈设品，又是消防器材。在科学不发达的古代，宫中没有自来水，更没有消防器材。因此，缸内必须长年储满水以防火灾。

据说，这些大缸，在清代时就有308口，按其质量分为3种，即鎏金铜缸、烧古铜缸和铁缸，其中最珍贵的是鎏金铜缸，直至现在，这些大缸仅剩4口。

在殿外台基东西两侧，还各放着一只铜质仙鹤和龟，是长寿的象征。在仙鹤和龟的旁边，还有一个由铅铸造成的器具叫"嘉量"。

■ 北京故宫太和殿

嘉量是清朝时量的标准器，表示皇帝公平处事，谁半斤，谁八两，心中自然有数。在这嘉量的对面，还有一个石头做成的器具叫作日晷，是古代的测时仪器。皇帝的意思是：量和时的基准都在自己手里。

太和殿是五脊四坡大殿，从东到西有一条长脊，前后各有斜行垂脊两条，这样就构成五脊四坡的屋面，建筑术语上叫庑殿式。

檐角有10个走兽，分别为龙、凤、狮子、天马、海马、狻猊、押鱼、獬豸、斗牛、行什，是我国古建筑之特例。

太和殿是紫禁城中最大的殿宇，大殿内外饰以成千上万条金龙纹，屋脊角安设10个脊兽，在现存古建筑中仅此一例。

鎏金 古代金属工艺装饰技法之一。亦称"涂金""镀金""度金""流金"，是把金和水银合成的金汞剂，涂在铜器表层，加热使水银蒸发，使金牢固地附在铜器表面不脱落的技术。春秋战国时已经出现。汉代称"金涂"或"黄涂"。近代称"火镀金"。

■ 北京故宫太和殿
内景

和玺彩画 也叫和
玺，主要是用于
宫廷之内的建筑
上。和玺使用有
较多的讲究，凡
画这种彩画者，
在明间是上蓝下
绿，明间两旁的
次间、梢间则上
下互换分配，次
间上绿下蓝，梢
间又上蓝下绿。
画面中象征皇权
的龙凤纹样占据
主导地位，构图
严谨，图案复
杂，大面积使用
沥粉贴金，花纹
绚丽。

在我国古建筑的岔脊上，都装饰有一些小兽，这
些小兽排列有着严格的规定，按照建筑等级的高低而
有数量的不同，最多的是故宫太和殿上的装饰，共有
10个，这在我国宫殿建筑史上是独一无二的。显示了
至高无上的重要地位。

第一个饰物是一个骑凤仙人，相传原是南朝齐明
王，后修道升仙。仙人之后是10个小兽。

这些小兽的使用，是有严格的等级界限的，一般
最多使用9个走兽，只有太和殿才能十样齐全。中和
殿是7个、保和殿是9个。其他殿上的小兽按级递减。
天安门上也只是9个小兽。

太和殿殿前台阶三层五出，殿前后有门户40个，
金锁窗16个，整个大殿的装饰十分华丽。檐下施以密
集的斗栱，室内外梁枋上饰以级别最高的和玺彩画。
门窗上部嵌成菱花格纹，下部浮雕云龙图案，接榫处

安有镌刻龙纹的鎏金铜叶。

在大殿正门上，还挂有"建极绥猷"的匾额，为乾隆皇帝御笔，为了保护文物，现存的匾额为复制品。

这太和殿也叫金銮殿，为什么这么叫呢？因为大殿内地面共铺约为0.67平方米的方形大金砖4718块。这些金砖铺在地上，平整如镜，光滑细腻，像是洒了一层水，发着幽暗的光。

那么，这些金砖真的含金吗？

其实，这些金砖并不是用黄金制成，而是在苏州特制的砖。其表面为淡黑、油润、光亮、不涩不滑。苏州一带土质好，烧工精，烧成之后达到敲起来有金石之声，所以称作"金砖"。

烧炼这种砖的程序极为复杂，一块砖起码要炼上一年。每一块相当于60千克大米的价钱，可见金砖虽不含金，但也确实贵重。

古代建筑杰作

北京故宫

■ 故宫太和殿龙椅

轩辕 又名黄帝，轩辕有土德之瑞，尊称黄帝。为中华民族始祖，人文初祖，我国远古时期部落联盟首领。他播百谷草木，大力发展生产，始制衣冠，建造舟车，创医学等。他以统一中华民族的伟绩而载入史册。

太和殿殿内共有72根大柱支撑其全部重量，其中顶梁大柱最粗最高，直径为1.06米，高为12.7米。明代用的是采自川、广、云、贵等地的楠木，清代重建后，用的是采自东北三省的深山之中的松木。

殿内朝廷设有两米高的平台，上面摆放着6根雕龙金柱，沥粉贴金。在这些金柱中间，是一座雕有9条金龙的楠木宝座，又称"九龙金漆宝座"。

此宝座是1522年至1566年间制作的，通高1.7米，座高0.49米，座宽1.58米，纵0.79米，下层座长1.62米，宽0.99米，高0.21米。

宝座通体贴金，从上至下每层都装饰着祥龙纹。椅圈上，盘绕着9条形象生动的金龙，椅背正中是一条正龙，它昂首立于椅背，后背盘金龙，中格浮雕云纹和火珠，下格透雕卷草纹。高束腰处四面开光，透雕双龙戏珠图案。

透孔处以蓝色绸缎彩地衬托，高束腰上下刻莲瓣纹托腮。中间束腰饰珠花，四面牙板及拱肩均浮雕卷草和兽头，椅面配金黄色绸缎坐垫，富丽堂皇，精美绝伦。

■ 北京故宫太和殿

髹金漆云龙纹宝座上的雕龙具有明朝雕龙的特点，曾遭受到非常严重的破坏，后经故宫专家的全力修复，才恢复了它的本来面貌。

宝座前面有御案，左右有对称的宝象、角端、仙鹤、香筒等陈列品，以及焚香用的香炉、香筒。

■ 太和殿铜狮子

其中，宝象驮宝瓶内装五谷，象征太平景象、五谷丰登，以及国家的安定和政权的巩固。角端是我国古代神话传说中的一种神兽，可"日行一万八千里"，通晓四方语言，只有明君，它才捧书而至，护驾身旁。

宝座上方天花正中有一藻井，是从古代"天井"和"天窗"形式演变面来，为我国古代建筑的特色之一。主要设置在"尊贵"的建筑物上，有"神圣"之意。

在藻井朝廷部位，有一浮雕蟠龙，口衔一球，球为铜胎中空，外涂水银。此球叫"轩辕镜"。

传说是远古时代轩辕黄帝制造的，悬球与藻井蟠龙联在一起，构成游龙戏珠的形式，悬于帝王宝座上方，以示我国历代皇帝都是轩辕的子孙，是黄帝正统继承者。它使殿堂富丽堂皇，雍容华贵，并显示出坐上这个宝座的人是何等的尊贵。

此外，在太和殿的房梁之上，还有一件镇殿之

藻井 我国特有的建筑结构和装饰手法。我国古代建筑对天花板的装饰很注意，常在天花板中最显眼的位置做一个或多角形，或圆形，或方形的凹陷部分，然后装修斗拱、描绘图案或雕刻花纹。藻井是我国建筑的民族风格在室内装饰上的重要造型手段之一。

■ 雍正帝（1678—1735），康熙第四子，是清朝入关后第三位皇帝，1722—1735年在位，年号雍正，死后葬清西陵之泰陵，庙号世宗。雍正在位时期，置"军机处"加强皇权，实行"火耗归公"与"打击贪腐"等一系列铁腕改革政策，对康乾盛世的连续具有关键性作用。

宝，即5座神秘符牌。

这5座符牌的供奉极有规律，以太和殿正中悬轩辕镜正上方的藻井平台朝廷所供符牌为中心，东西南北四方分别朝向正中各供奉一座。

由于此符牌雕刻着镇殿神符，所以这些神符又被称为"符板"。正朝廷的一块符牌高约0.37米，宽0.23米，以产于东北的高丽木所制，前置香炉、蜡台、灵芝。

符牌正面由上而下共分为4层，由佛教护持真言、神明和北斗七星图组成，背面由镇殿七十二符组成，可谓一道镇殿灵符。

据清宫《造办处各作成做活计清档》中记载：1731年，雍正降旨在养心殿安黄铜符板一块，太和殿和乾清宫分别安木符板各一块。据此可知，此处符牌至少有一块应是1731年供奉在太和殿上的。

据说，1731年，正是雍正帝被病魔缠身，让道士为其治病之时。此牌上的佛教经咒中既有汉传佛教经典的经咒，又有藏传佛教的心咒和咒牌，显然是汉藏合一的形式。

很多人认为，太和殿平时是用于上朝的，其实不是。太和殿其实是用来举行各种典礼的场所，实际使用次数很少，明清皇帝上朝的地方主要在太和门或者皇帝召见大臣所在地乾清宫，还有清朝后期垂帘听政养心殿，并不是平时所说的太和殿。

明清两朝24个皇帝都在太和殿举行盛大典礼，如皇帝登基即位、皇帝大婚、册立皇后、命将出征。

此外，每年万寿节、元旦、冬至三大节，皇帝都会在此接受文武官员的朝贺，并向王公大臣赐宴。清初，还曾在太和殿举行新进士的殿试，1789年开始，改在保和殿举行，但"传胪"仍在太和殿举行。

太和殿后面是故宫三大殿之一的中和殿，是皇帝去太和殿举行大典前，稍事休息和演习礼仪的地方。

这"中和"两字取自《礼记·中庸》："中也者，天下之本也；和也者，天下之道也"之意。为此，殿的正门上，还挂有乾隆御笔"允执厥中"匾。

《书·大禹谟》记载：

> 人心唯危，道心唯微，唯精唯一，允执厥中。

■ 北京故宫中和殿内景

此殿高27米，平面呈正方形，面阔、进深各为3间，四面出廊，金砖铺地，建筑面积为580平方米，它的面积是故宫三大殿中最小的。

大殿屋顶为黄琉璃瓦单檐四角攒尖顶，正中有鎏金宝顶。四脊顶端聚成尖状，上安铜胎鎏金球形的宝顶，建筑术语上叫"四角攒尖式"。

中和殿呈四面开门，正面三交六椀隔扇门12扇，东、北、西三面隔扇门各4扇，门前石阶东西各一出，南北3出，中间为浮雕云龙纹御路。

门两边为青砖槛墙，上置琐窗。殿内外檐均饰金龙和玺彩画，天花为沥粉贴金正面龙。殿内设地屏宝座。门窗的形制则取自《大戴礼记》所述的"明堂"，避免了三大殿的雷同。

殿内正中设有宝座，座前左右两侧有两只金质四腿独角异兽。它是想象中的一种神兽，传说日行9000千米，懂得四方语言，通晓远方之事。放在皇帝宝座两旁，寓意君主圣明，同时为烧檀香之用。

宝座两旁还放着两个肩舆，俗称"轿子"，是清代皇帝在宫廷内部使用的交通工具。帝后在什么场合乘坐什么轿子都有严格规定。肩舆是其中的一种。

在中和殿的平台两侧，还各放有一个铜薰炉，是用来生炭火取暖的。清代宫中烧用的是上好木炭，叫"红萝炭"。这种木炭气暖而耐烧，灰白而不爆。

槛墙 是建筑前檐或后檐木装修榻板下的墙体，两端的里外皮砌成八字柱门。做法：一是满用青砖"干摆"或"落堂式"；一是满用琉璃做贴面。其优点是坚固、卫生、美观。此外，在南方园林建筑中，在建筑窗下的木质槛墙处，往往置栏杆及护板，夏季除去护板即可通风。

在古代，皇帝在去太和殿之前先在此殿稍作停留，接受内阁大臣和礼部官员的行礼，然后进太和殿举行仪式。

另外，在每年春季的先农坛祭典时，皇帝都会先到中和殿阅读写有祭文的"祝版"，查看亲耕用的农具。在参与天坛、地坛、社稷坛、太庙的类似活动前，皇帝也会在这里阅读祭文。

在清代，各朝帝王每隔7年都会纂修一次皇家家谱。纂修工作完毕后就会在中和殿上举行仪式，送呈皇帝审阅。给皇太后上徽号时，皇帝也要到中和殿阅读拟好的奏折。有时，皇帝还会在这里召见官员或赐食。

故宫的保和殿位于中和殿之后，是故宫三大殿之一。此殿名典出"志不外驰，恬神守志"，意为神志专一，保持宇内和谐，才能福寿安乐，天下太平。

保和殿匾额有"皇建有极"匾，为乾隆御笔。典出：箕子《洪范》"皇建其有极"。此殿殿高29米，平面呈长方形，面阔9间，进深5间，建筑面积1240平方米。

黄琉璃瓦重檐歇山式屋顶。屋顶的正中有一条正脊，前后各有两条垂脊，在各条垂脊的下部再斜出一条岔脊，连同正脊、垂脊和岔脊共9条，建筑术语上叫"歇山式"。

上檐为单翘重昂七踩斗栱，下檐为重昂五踩斗栱。内外檐均为金龙和玺彩画，天花为沥粉贴金正面龙。6架天花梁彩画极其别致，与偏重丹红色的装修和陈

北京故宫中和殿皇帝宝座

清代科举考试图

设搭配协调，显得非常华贵富丽。

殿内金砖铺地，坐北向南设雕镂金漆宝座。东西两梢间为暖阁，安板门两扇，上加木质浮雕如意云龙浑金毗庐帽。建筑上采用了减柱造做法，将殿内前檐金柱减去六根，使空间宽敞舒适。

在保和殿后阶陛中间，有一块雕刻着云、龙、海水和山崖的御路石，人们称之为云龙石雕。这是紫禁城中最大的一块石雕，长16.57米，宽3.07米，厚1.7米，重为250吨。

此石雕原明代雕刻，清代乾隆时期又重新雕刻。图案是在山崖、海水和流云之中，有9条口戏宝珠的游龙，它们的形象动态十足，生机盎然。

这块石雕的石料产自京西房山大石窝，当时拖运了近一个月，才将这块石头运进京城。

此外，在太和、中和与保和三大殿所在的台基上，还有千余个石雕龙头，是一排排水头。

三殿台基面积约为2500平方米，由大块汉白玉石砌成。每层台基的周围都雕刻有须弥座。并且在须弥座上，还横置着大块的长方石条，名为"地袱"。

地袱之间立有望柱，并且望柱之间安设有栏板。在它们的下面，都凿有排水孔道。每个望柱下面伸出一个石雕龙头，整个"三台"，共有1142个龙头。

除每层台基折角的角顶伸出的龙头外，其他龙头的两唇之间都钻有圆孔，与望柱底下的孔道相通。由于台面的设计是中间高于周边，每当雨天，落在"三台"台面上的雨水自然就都流向地势底的四周，于是便从龙口中排出，形成"千龙吐水"的奇观。

保和殿在明清两代用途均有不同，明代大典前皇帝常在此更衣，册立皇后、太子时，皇帝在此殿受贺。清代每年除夕、正月十五，皇帝在此殿赐宴外藩、王公及一二品大臣，场面十分壮观。

赐额驸之父、有官职家属宴及每科殿试等均于保和殿举行。每岁终，宗人府、吏部在保和殿填写宗室满、蒙、汉军以及各省汉职外藩世职黄册。

1646年至1656年，顺治帝福临曾居住保和殿，时称"位育宫"，他的大婚也在此举行。1669年也居在

吏部 是我国古代官署。掌管全国官吏的任免、考核、升降、调动等事务。西汉尚书有常侍曹，主管丞相，御史，公卿之事。东汉改尚书常侍曹为吏曹，又改为选部，魏晋以后称吏部，置尚书等官。隋唐列为六部之首。长官为吏部尚书，副长官称侍郎。历代相沿。

古代建筑杰作

北京故宫

■ 藏于故宫博物院的科举试卷

壮丽皇宫

三大故宫的建筑壮景

保和殿，时称"清宁宫"。清朝的两位皇帝居保和殿时，皆以暂居而改称殿名。

1789年，科举考试时举行的殿试地点由太和殿移到保和殿。

殿试是封建科举制度最高一级考试，由皇帝亲自命题，指定大臣问卷，皇帝还要亲自阅看卷子。

考取第一名的为状元，第二名叫榜眼，第三名称探花，高中者均被赐予进士及第并委以高官。

在举行殿试这天，捧题官及内阁官由内阁经中左门至保和殿，将皇帝钦命之题陈于殿内东旁黄案上。新贡士由鸿胪寺官引导至丹陛两旁排列，按会试中所中名次，单数者列东，双数者列西。

皇帝御殿，作乐鸣鞭，众贡士和王公大臣皆向皇帝行三叩九拜礼。礼毕，皇帝回宫，礼部官员散题，贡士跪受，然后入殿，在殿内两旁试桌答卷。考毕交卷之后，首页由弥封官折叠成筒，密封后加盖关防。其余卷面、卷背及骑缝之处，则加盖礼部之章。

考卷由皇帝任命的8名读卷官评阅。读卷大臣认为答得好的卷子，就在上面画一个圈，最佳试卷就画

■ 北京故宫保和殿

8个圈。试卷以画圈多少排名次。

农历五月二十五，是公布考试结果的日子。新科进士们由午门进入太和殿广场向皇帝行礼，随后，出宫。这时，顺天府尹已为状元准备好伞盖仪仗，给状元披上红带，戴上大红花，并向状元、榜眼、探花各敬酒一杯，扶状元上马，送状元回府第。第二天，礼部设宴款待新科进士们，称为"恩荣宴"或"鹿鸣宴"。

北京故宫里的科举匾额

我国最后一次殿试是1904年，共取过进士150人。从此以后，在我国推行了1000余年的封建科举制度最终被废除了。

阅读链接

在太和殿前，还有一个面积达3万平方米的巨大广场。整个广场无一草一木，空旷宁静，给人以森严肃穆的感觉。正中为御路，左右地面铺的砖横七竖八，共15层，以防有人挖地道进入皇宫。

那么，在皇宫内为什么要建这么大的广场呢？

那是为了让人们感觉到太和殿的雄伟壮观。站在下面向前望去：蓝天之下，黄瓦生辉。层层石台，如同白云，加上香烟缭绕，整个太和殿好像天上仙境一样。

举行大典时，殿内的珐琅仙鹤盘上点上蜡烛，香亭、香炉烧檀香，露台上的铜炉、龟、鹤燃松柏枝，殿前两侧香烟缭绕，全场鸦雀无声。皇帝登上宝座时，鼓乐齐鸣，文武大臣跪伏在广场，仰望着云中楼阁山呼万岁，以显示皇帝无上权威与尊严。

以文华殿为首的两翼各殿

　　1521年，明朝的第十位皇帝明武宗朱厚照驾崩。由于这位皇帝是单传，他死时又没有留下子嗣，为此，他的母亲张太后与首辅杨廷和经过商议，决定让武宗的堂弟朱厚熜继位。

　　这位朱厚熜此时只有15岁，住在湖广的安陆，也就是后来的湖北钟祥地区。

　　朱厚熜接到张太后的懿旨，立即从湖北赶到北京城。由于他尚未登基，大臣们便要求他从东安门进入紫禁城，并在外朝三大殿的东翼殿堂文华殿内居住。

■ 朱厚照（1491—1521），明朝第十位皇帝，在位16年。他一生贪杯、好色、尚兵、无赖，所行之事多荒谬不经，为世人所非议。有人认为他荒淫暴戾、怪诞无耻，是少见的无道昏君。也有人认为他追求个性解放，是极具个性色彩的皇帝。总之，武宗富有戏剧性的一生是难以用只言片语概括的。

朱厚熜住进文华殿以后，感到非常的不满意，这是为什么呢？

原来，这个文华殿一直是明朝太子们居住的地方，而朱厚熜是来紫禁城里做皇帝的，他对这样的安排当然不能满意。

朱厚熜一生气，便拒绝登基坐上皇帝的宝座。这可急坏了太后和大臣们，因为他们是商议了很久才决定立朱厚熜继承皇位的，更何况，"国不可一日无君"。

于是，大家在这位倔强的少年面前败下阵来，终于同意等朱厚熜正式登基后，便可从文华殿内搬出。

这年农历五月二十七日，朱厚熜正式登基，年号嘉靖，也就是后来的明英宗。

在这位皇帝登基的第二天，他便正式进入奉天殿内居住，享受皇帝的待遇规格。

1536年，朱厚熜将文华殿改为皇帝的便殿，用于自己学习时使用。

065

古代建筑杰作

北京故宫

■ 故宫文华殿

三交六椀 是清代宫殿建筑门窗棂心花纹装饰之一。它由3根棂子交叉相接，相交点以竹或木钉固定装饰成花心。正交法各夹角均为60度，斜交法中线偏30度相交，可以组成圆形、菱形、三角形等多种图案，形式非常丰富，是我国古建筑外檐装修中的高等级形式。

这座文华殿后来在明末年间毁于战火，至清康熙年才重建起来，故宫内现存的文华殿便是康熙时期流传下来的古迹。

此殿于故宫外朝中轴线的东部，与西面的武英殿形成呼应，一文一武，东西辅翼，护卫着朝廷的外朝三大殿殿区。

故宫内现存的文华殿区是由文华门、前后殿和东西配殿组成的一个独立院落，这里已经辟为故宫博物院陶瓷馆，曾举办过大量陶瓷专题展览。

文华殿主殿为"工"字形平面。前殿即文华殿，南向，面阔5间，进深3间，黄琉璃瓦歇山顶。明间开6扇三交六椀菱花隔扇门，次间、梢间均为槛窗，各开4扇三交六椀菱花隔扇窗。东西山墙各开一方窗。殿前出月台，有甬路直通文华门。

后殿为主敬殿，规制与文华殿略似而进深稍浅。

■北京故宫月华门

前后殿间以穿廊相连。东西配殿分别是本仁殿、集义殿。

文华殿在建筑布局上，是三大殿的右翼，在功能上，则是外朝三大殿的补充。文华殿前有文华门，后有主敬殿，东西向有配殿。东侧还有跨院称传心殿，是"经筵"前祭祀孔子

■ 北京故宫文华殿
正面

的地方。院内有一井名叫大庖井，井水甘甜，名冠京
华。

明清两朝，每岁春秋仲月，都要在文华殿举行经
筵之礼。清代以大学士、尚书、左都御史、侍郎等人
充当经筵讲官，满汉各8人。

每年以满汉各两人分讲"经""书"，皇帝本人
则撰写御论，阐发心得，礼毕，赐茶赐座。明清两朝
殿试阅卷也在文华殿进行。

明代设有"文华殿大学士"一职，以辅导太子读
书。清代逐渐演化形成"三殿三阁"的内阁制度。文
华殿大学士的职掌变为辅助皇帝管理政务，统辖百
官，权限较明代大为扩展。

当然，作为故宫外朝三大殿的两翼建筑，不仅仅
有文华殿建筑群，在三大殿的东翼还有文渊阁、上驷
院、南三所，西翼除了武英殿外，还有内务府等众多

穿廊 是指明末的
建筑。主要是指
将两座建筑物从
中间联系起来的
廊房。它是厅堂
和居室房间的补
充，起着内外空
间过渡的作用。
我国古代北京官
府中四合院的通
廊常给人以"庭
院深深深几许"
的感受，就是因
为运用了穿廊的
格局。

《四库全书》书影

壮丽皇宫

三大故宫的建筑壮景

倒挂楣子 是用于有廊建筑外侧或游廊柱间上部的一种装修，主要起装饰作用。均透空，使建筑立面层次更为丰富。有倒挂楣子和坐凳楣子。倒挂楣子安装于檐枋下，楣子下面两端须加透雕的花牙子。坐凳楣子安装于靠近地面部位，楣子上加坐凳板，供人小坐休憩。

的建筑。

其中，文渊阁位于故宫东华门内文华殿后。文渊阁坐北面南，阁制仿浙江宁波范氏天一阁构置。外观为上下两层，腰檐之处设有暗层，面阔6间，西尽间设楼梯连通上下。

两山墙青砖砌筑直至屋顶，简洁素雅。黑色琉璃瓦顶，绿色琉璃瓦剪边，寓意黑色主水，以水压火，以保护阁内收藏的书籍。

阁的前廊设回纹栏杆，檐下倒挂楣子，加之绿色檐柱，清新悦目的苏式彩画，更具园林建筑风格。阁前凿一方池，引金水河水流入，池上架一石桥，石桥和池子四周栏板都雕有水生动物图案，灵秀精美。

阁后湖石堆砌成山，势如屏障，其间植以松柏，历时200余年，苍劲挺拔，郁郁葱葱。

阁的东侧建有一座碑亭，盝顶黄琉璃瓦，造型独特。亭内立石碑一通，正面镌刻有乾隆皇帝撰写的

《文渊阁记》，背面刻有文渊阁赐宴御制诗。

故宫内现存的文渊阁是皇家收藏《四库全书》的图书馆。

《四库全书》是一部汇集历代典籍精粹、囊括传统文化精华的历史上最大规模的丛书，乾隆帝专门为建造在宫廷禁地和皇家园囿的4座藏书阁命名。

除宫中的文渊阁沿袭明代之称外，另三部分别藏于文源阁、文津阁、文溯阁，四阁又称"北四阁"。后又抄三部藏于文宗阁、文汇阁、文澜阁，称"南三阁"。也就是说，以文渊阁为代表的内廷四阁之名，皆取法天一阁，体现了以水克火的理念。

外朝三大殿的东翼建筑南三所位于外朝东路文华殿东北，为一组殿宇的总称。在明朝时，这一带有端敬殿、端本宫，为太子所居。

其中原有殿名"撷芳殿"，清康熙年间太子胤礽

069

古代建筑杰作

北京故宫

■ 北京故宫文渊阁

■ 紫禁城角楼

之宫人于此居住。1746年，在撷芳殿原址兴建3座院落，作为皇子居所。

因其位在宁寿宫以南，故又称"南三所"，也称"阿哥所"或"所儿"，嘉庆朝以后多以"撷芳殿"代称整组建筑。

清代的皇子们，只有在幼年的时候可以居住在东西六宫享受父母之爱。到了10岁，就要迁出后宫，暂居紫禁城内廷两翼的毓庆宫或更为偏远的"南三所"，受封亲王后便彻底迁出紫禁城，到父皇赏赐的王府居住。

南三所共用宫门一座，面阔3间，进深一间，绿琉璃瓦歇山顶，当中开门，内外设有慢道。门内有一东西窄长的小广场，广场北侧自东向西依次排列三所，每所皆为前后三进。

南三所的形制完全相同：南端有琉璃门一座，前殿面阔三间，中殿、后殿皆面阔5间，绿琉璃瓦硬山顶。殿前都有东西配殿各3间，中殿前有井亭一座。

此外，还有耳房、顺山房、值房、膳房、净房等殿宇。整个南三所共有房200余间。后来，三所又各添盖后罩房一座，黑琉璃瓦顶。

南三所位于紫禁城东部，按阴阳五行之说，东方属木，青色，主生长，故屋顶多覆绿琉璃瓦，并安排皇子在此居住。

同时，依封建礼制，南三所建筑的屋顶皆为单檐硬山顶或歇山顶，形制较皇帝所用的殿宇等级稍逊。

南三所建成后，嘉庆皇帝颙琰曾于乾隆四十年至六十年在中所居住，乾隆六十年受封太子后移居毓庆宫。嘉庆年间，皇子幼年时先住在毓庆宫，成婚后移居南三所。

此后，道光皇帝、咸丰皇帝都曾在此居住。宣统年间，这里曾作为摄政王载沣的起居所。

琉璃 亦作"瑠璃"，是指以各种颜色的人造水晶为原料，采用古代的青铜脱蜡铸造法高温脱蜡而成的水晶作品。其色彩流云满彩、美轮美奂；其品质晶莹剔透、光彩夺目。琉璃是佛教"七宝"之一、"中国五大名器"之首。我国琉璃生产历史悠久，最早的文字记载可以追溯到唐代。

■ 北京故宫建筑

南三所不是某一建筑的名称，而是清宫皇子固定住所的俗称，还包括乾东五所、乾西五所几处。一般来说，皇子成婚封爵之后就要开府，迁出阿哥所，但也有成婚封爵之后仍留在"阿哥所"居住的。

乾东五所在乾清宫之东、千婴门之北。实际上是指5座南向的院落，自西向东分别称东头所、东二所、东三所、东四所、东五所。此区域在明代时就成为皇子的居住之处。乾、嘉、道三朝的多数皇子都曾居住在这里。

乾西五所位于乾清宫之西、百子门之北。与乾东五所一样也称"头所""二所"等。雍正以前的皇子多居于此。乾隆即位后，这里因是"潜龙邸"，乾西五所升格为重华宫、建福宫、敬胜斋等，不再居住皇子。

总的说来，外朝三大殿的东翼建筑南三所实质上就是锻炼皇子尽早自立的地方，具有育人功能。

故宫外朝三大殿的西翼武英殿是外朝中的一个偏殿，位于外朝午门以西，与文华殿相对称，体制相同。不同之处是内金水河从武英殿

门前东流，文华殿则从殿后文渊阁前东流。两殿额名似是文华谈文、武英论武，而实际并非如此。

■ 北京故宫武英殿

明代初年皇帝曾以武英殿为斋戒之所，皇后也曾在此接受命妇的朝贺。但更多的时间是在这里从事文化活动。如皇帝经常召集内阁中书衔的官员中能写善画者在这里编书绘画。

现存的武英殿建筑群落成于明永乐年间，占地约1.2万平方米，主要建筑60余间，6500多平方米。建筑群为前后两重，由武英门、武英殿、敬思殿、凝道殿、焕章殿、恒寿斋、浴德堂诸殿堂以及左右廊房63楹组成。

正殿武英殿南向，面阔5间，进深3间，黄琉璃瓦歇山顶。

须弥座围以汉白玉石栏，前出月台，有甬路直通武英门。

后殿敬思殿与武英殿形制略似，前后殿间以穿廊相连。东西配殿分别是凝道殿、焕章殿，左右共有廊

歇山顶 歇山式屋顶，宋朝称九脊殿、曹殿或厦两头造，清朝改今称，又名九脊顶。为我国古建筑屋顶样式之一，在规格上仅次于庑殿顶。歇山顶共有9条屋脊，即一条正脊、4条垂脊和4条戗脊，因此又称九脊顶。由于其正脊两端到屋檐处中间折断了一次，分为垂脊和戗脊，好像"歇"了一歇，故名歇山顶。

房63间。院落东北有恒寿斋，西北为浴德堂。

同时，武英殿在清代时，还是宫廷的修书之所，是皇室文化事业的核心。在这里修书、编书、校书最多时有上千人。

现存的武英殿正殿书画馆中，既有晋唐宋元的稀世孤本，也有明清各个画派名家的代表作品，可以清晰、系统地反映我国古代书法与绘画艺术发展的脉络。能使人感受经典，分享我国书画艺术的精美绝伦，同时也展示了中华传统文化的博大精深。

武英殿东西配房的典籍馆，多角度展示了清宫廷收藏的大量古籍善本、相关器物、书画等。

在武英殿展出的书画作品有《洛神赋图》《平复帖》《游春图》《步辇图》《韩熙载夜宴图》《清明上河图》《新岁展庆帖》《诗送四十九侄帖》等。

外朝三大殿的西翼内务府是清朝管理宫廷事务的机构，为清代特有，始设于顺治初年。故宫内现存的内务府建筑群已不复存在。

阅读链接

在清代，论嫡庶，生下来的如果是男孩，刚坠地，即由保姆把持交给奶妈之手。配与保姆、乳母、针线上人、浆洗上人、灯火上人、锅灶上人。直至断奶，增加谙达，教授语言、饮食、行走等礼节。

6岁时，随众站班当差，教之上学，黎明即起，穿衣戴帽进入乾清门，混杂在诸王队列中，在御前站立；12岁教授满语；14岁教授弓矢骑射；16岁至18岁该结婚了，如果父皇在位，则住在青宫，俗称"阿哥所"。若父皇驾崩，即与他的亲生母亲分府而居，如果其母亲是皇后则例外对待。

为此，清代的皇子们很多都是在南三所内长大的。

嘉靖帝为母亲建慈宁宫

1521年农历五月的最后一天，是嘉靖帝登基后的第三天。在这一天，嘉靖帝下旨将自己的母亲蒋氏从湖北接到了北京。

原来，嘉靖帝的父亲兴献王朱祐杬早在两年前就已去世了，他的哥哥也在早年夭折。所以，在当上皇帝前，嘉靖一直和自己的母亲相依为命。

嘉靖帝是一个孝顺的皇帝，当他当上皇帝以后，他当然也希望自己的母亲能够当上皇太后。可是，现在的皇宫中还住着那位张太后呢，嘉靖帝的母亲来了，

■ 朱祐杬（1476—1519），明宪宗第四子，生母宸妃邵氏。1487年7月30日受封兴王。他的儿子朱厚熜当上皇帝以后，加封他为兴献帝，庙号睿宗。之后，他的陵墓也相应按帝陵规制升级改建，即后来的明显陵。

又应该住在哪里呢?

在这种情况下,嘉靖帝决定为自己的母亲在紫禁城内重新修建一座漂亮的宫殿。

不过,由于这时明英宗刚登基不久,支持他的大臣又不多,所以他的这项计划直至10多年后才得以实现。

1536年,明英宗终于派人为自己的母亲在紫禁城的内廷西部,修建起了一座崭新的宫殿,此殿便是后来的慈宁宫。

这座宫殿是在紫禁城原来的仁寿宫故址上建成的,位于故宫内廷外西路隆宗门西侧。此宫殿修成后,在明万历年间遭到雷火被毁,现存的建筑是清顺治年间重修的。

现存的慈宁宫建筑群由慈宁门、慈宁宫、大佛堂、徽音左门和徽音右门等组成,建筑群大门前有一东西向狭长的广场,两端分别是永康左门、永康右门,南侧为长信门。

慈宁门位于广场北侧,内有高台甬道与正殿慈宁宫相通。院内东西两侧为廊庑,折向南与慈宁门相接,北向直抵后寝殿,即大佛堂之东西耳房。前院东西庑正中各开一门,东曰徽音左门,西曰徽音右门。

正殿慈宁宫居中,前后出廊,黄琉璃瓦重檐歇山顶。此殿面阔7

北京故宫仁寿宫

■ 北京故宫壮景

间，当中5间各开4扇双交四椀棂花隔扇门。两梢间为砖砌坎墙，各开4扇双交四椀棂花隔扇窗。

殿前出月台，正面出三阶，左右各出一阶，台上陈鎏金铜香炉4座。东西两山设卡墙，各开垂花门，可通后院。

再说明英宗为母亲修成慈宁宫后，他的母亲蒋太后在此宫殿内住了两年便过世了。此后，慈宁宫一直有归天老皇帝的妃嫔们入住。

1653年，清代的孝庄文皇后开始居住在慈宁宫，自此，这里成为太皇太后和皇太后的住所，以及太妃等人的随居。

清朝的前期和中期是慈宁宫的兴盛时期，当时的孝庄文皇后、孝圣宪皇后都先后在这里居住过。顺治、康熙、乾隆三帝以孝出名，为此，慈宁宫经常举行为太后庆寿的大典。

不过，在道光之后，随着清王朝走向没落，国库

双交四椀棂花隔扇 又称格门，是由立向的边挺和横向的抹头组成木构框架。抹头又将隔扇分成隔心、绦环板和裙板三部分。隔心是最主要的部分，占整个隔扇高度的五分之三，由棂条拼成各种图案。棂条分内外两层，中间糊纸、夹纱或安装玻璃。室内的隔扇多采用夹纱做法。

■ 故宫内古树

空虚，当时的孝和睿皇后不得不缩减宫中开支，慈宁宫才逐渐失却往日的辉煌。

此外，慈宁宫主要还是为太后举行重大典礼的殿堂，凡遇皇太后圣寿节、上徽号、进册宝、公主下嫁，均在此处举行庆贺仪式。

特别是太后寿辰时，皇帝亲自率众行礼，并与近支皇戚一同彩衣起舞，礼节十分隆重。

阅读链接

在清代，慈宁宫曾经出现过一段有趣的景象，就是这里成了太后们不敢住的太后宫，这是为什么呢？

原来，清代最有影响的女性之一孝庄皇太后曾在慈宁宫居住至去世。此后的太后、太妃们都觉得自己的身份有点"压"不住这座令人敬畏的太后宫。

孝庄在清代早期威望极高。康熙皇帝极为孝敬自己的祖母，孝庄得病时，这位不信神的皇帝曾祈求上天，让自己减寿换得祖母康复。

孝庄75岁时去世，康熙悲痛欲绝，将棺椁停放于慈宁宫，并想就此将慈宁宫改为孝庄停灵的享殿，只是被众多大臣劝阻，认为没有这样的规制，最终只好作罢。但慈宁宫此后毕竟是鲜有人敢住了。

明英宗为改卦象始建交泰殿

话说，在明英宗嘉靖帝当皇帝期间，他不仅为自己的母亲建成了慈宁宫，还在紫禁城的内廷建成了后三宫之一的交泰殿。

说起这个交泰殿，按照我国古代的风水来说，这座大殿建在紫禁城后廷其实是破坏风水的，为什么这么说呢？因为在交泰殿没有建立

■交泰殿匾额

080
壮丽皇宫
三大故宫的建筑壮景

之前，紫禁城的建筑规划完全是按照古代风水学说布局的，城内的前朝都是属阳的，后宫是属阴的。

为此，当时的前朝由以阳数为主的太和殿、中和殿和保和殿三大殿组成，而后宫则由以阴数为主的乾清宫和坤宁宫两大殿组成。

那么，嘉靖帝又为什么偏偏在乾清宫和坤宁宫之间建成这座交泰殿？据说，这和当时明皇帝信仰道教有关。因为，这位明英宗在中年以后，希望自己长生不老，为此，他崇奉道教。

如果按照道教的周易八卦来说，乾在上坤在下是为否卦。而坤在上乾在下则为泰卦。根据这个卦象，明英宗发现，紫禁城内的乾清宫在前而坤宁宫在后正好是否卦，在易经八八六十四卦中，否卦是最不好的卦之一。

这样一来，明英宗当然就想把这个否卦纠正过来，怎么办呢？又不能把乾清宫和坤宁宫两座宫殿建

■ 乾清宫和坤宁宫之间的交泰殿

■ 故宫交泰殿内景

筑搬家换位，所以明英宗最后便在乾清宫和坤宁宫之间硬加了一座宫殿进来，这便是交泰殿的来历。这座大殿建成后，由于改变了紫禁城的总体风水，嘉靖帝又把北京城的所有坛庙重新按规制重建了一遍，外城也加了半圈，这样一来，紫禁城就显得更加大了。

与此同时，交泰殿建成后，紫禁城的后廷两宫便变成了后廷三宫。

交泰殿殿名取《易经》中"乾坤交泰"之意而得。故宫内的现存建筑为清嘉庆年间重修。这里是皇帝和后妃们起居生活的地方。

此殿平面为方形，面阔、进深各3间，黄琉璃瓦四角攒尖鎏金宝顶，建筑规模小于中和殿。屋顶为单檐四角攒尖顶，铜镀金宝顶，黄琉璃瓦，双昂五踩斗栱，梁枋饰龙凤和玺彩画。

四面明间开门，三交六椀菱花，龙凤裙板隔扇门

《易经》 也称《周易》或《易》，是我国传统思想文化中自然哲学与伦理实践的根源，是我国最古老的占卜术原著，对我国文化产生了巨大的影响。据说是由伏羲氏与周文王根据《河图》《洛书》演绎并加以总结概括而来。

各4扇，南面次间为槛窗，其余三面次间均为墙。

殿中设有宝座，上悬康熙帝御书"无为"匾，两旁红柱上有一副对联：

恒久咸和，迓天休而滋至

关雎麟趾，主王化之始基

宝座后有4扇屏风，上有乾隆御笔《交泰殿铭》。殿顶内正中为盘龙衔珠藻井，地面铺金砖。

在此殿内东次间有一铜壶滴漏，也可称为漏壶，是我国古代的计时器。早在3000年前，我国古代人就发明了用水滴漏的计时方法。

陈列在交泰殿的铜壶滴漏，是1745年制造的，这是我国保存至今仍然完好的漏壶。据说，此漏壶在乾隆年后就已不再使用。

在交泰殿内西次间一侧，还有一座自鸣钟，是我国现存最大的古代座钟。

此钟是嘉庆三年制造的，皇宫里的时间都以此为准。其外壳是仿我国的楼阁式塔型的木柜，通高约为6米，共分上中下3层。

钟楼背面有一小阶梯，

宫殿监 全称为宫殿监办事处，又名敬事房，是皇宫内宦官组织的单位名称。隶属内务府，掌奉行谕旨及内务府文书，管理宫内事务及礼节，收核外库钱粮，甄别调补宦官，并巡查各门启闭、火烛关防。有总管、副总管，皆由宦官充任。

壮丽皇宫

三大故宫的建筑壮景

■ 北京故宫交泰殿

■ 清代双龙钮玉玺

登上阶梯，可以给自鸣钟上弦。自鸣钟走动后，可按时自动打点报刻。到现在为止，这座自鸣钟已经历过200个年头，却仍能正常准确地走动，打点报刻时，声音清脆洪亮。由此可见它的制造工艺非常精良。

此外，在此殿内，还有25方象征皇帝行使权力的玉玺，这些玉玺由内阁掌握，由宫殿监的监正管理，用时须请示皇帝，经许可后方可使用。

这些玉玺是1748年制造的，每方宝玺都有各自的用途。其中，"皇帝之宝"用于颁发诏书、录取进士时公布皇榜；"制法之宝"和"命德之宝"用于谕旨臣僚和奖励官吏；"制驭六师之宝"用于军事。宝玺置于宝盒内，上面覆盖着黄绫。盒仍按原来的位置陈设在交泰殿。

交泰殿为皇帝千秋节受庆贺礼的地方，也是皇后生日时接受庆贺礼的地方。每年正月，由钦天监选择吉日吉时，设案开封陈宝，皇帝来此拈香行礼。

玉玺 是指皇帝经常所用的玉印。"玉玺"一词，最早由秦始皇提出，他规定只有皇帝使用的大印才能称为玉玺。我国人用印信来表示信用，始于周朝。至秦朝，才有玺和印之分，皇帝用的印叫"玺"，而臣民所用只能称为"印"。

北京故宫交泰殿内景

清世祖鉴于明代宦官专权的教训，规定宦官不得干预朝政，所立"内宫不许干预政事"的铁牌曾立于此殿。皇帝大婚时，皇后的册立、宝安设殿内左右案上。此外，在每年的春季祀先蚕，皇后还要先一日在交泰殿查阅采桑的用具。

阅读链接

据说，交泰殿中的清代宝玺本来有29种，1746年，乾隆帝根据《周易·大衍》中《天数二十有五》的记载，希望清朝也能传至第二十五世，因而钦定宝玺为25种，后世就称这25方印章为"二十五宝"。

"二十五宝"的内容及排列顺序是："大清受命之宝""皇帝奉天之宝""大清嗣天子宝"、满文"皇帝之宝"、檀香木"皇帝之宝""天子之宝""皇帝尊亲之宝""皇帝亲亲之宝""皇帝行宝""皇帝信宝""天子行宝""天子信宝""敬天勤民之宝""制诰之宝""命之宝""垂训之宝""命德之宝""钦文之宝""表章经史之宝""巡狩天下之宝""讨罪安民之宝""制驭六师之宝""正万邦之宝""正万民之宝""广运之宝"。这二十五宝集合在一起，代表了皇帝行使国家最高权力的各个方面。

用于帝王大婚之所的坤宁宫

　　1665年农历九月初八。这一天，紫禁城内的各个大殿门檐内侧，都挂起了漂亮的大红灯笼，大殿正门的木柱上，还挂着很多条红绸带，大门的窗棂上，整齐地贴着红艳艳的喜字。

　　这是怎么回事呢？

　　原来，这一天是清朝迁都北京后的第二任皇帝康熙帝大喜的日

■北京故宫坤宁宫屋脊

■ 坤宁宫匾额

匾额 是古建筑的必然组成部分，相当于古建筑的眼睛。匾额中的"匾"字古代作"扁"字。主要是悬挂于门屏上，以作装饰之用，反映建筑物的名称和性质，表达人们义理、情感之类的文学艺术形式即为匾额。但也有一种说法认为，横着的叫匾，竖着的叫额。

子，在这一天，他将要和内大臣噶布拉的女儿，摄政大臣索尼的孙女赫舍里氏结为夫妻。

康熙帝的新房设在紫禁城内廷后三宫坤宁宫东端的两间房子里。这两间房子也称为东暖阁。

故宫内现存的坤宁宫在内廷三宫的最后面位置，它和嘉靖年间修建的文泰殿，以及乾清宫共同组成了故宫的内廷后三宫。

坤宁宫是明清两代皇后的中宫。明代皇帝住在乾清宫，所以坤宁宫便是皇后的正寝宫殿。

此殿始建于1420年，1514年、1596年两次毁于火灾，1605年重建。现存的建筑重修于顺治年间。

乾清宫代表阳性，坤宁宫代表阴性，以表示阴阳结合，天地合璧之意。

坤宁宫坐北朝南，面阔连廊9间，进深3间，黄琉璃瓦重檐庑殿顶。明代是皇后的寝宫。清代改建后，为萨满教祭神的主要场所。

此殿仿盛京清宁宫，改原明间开门为东次间开门，原隔扇门改为双扇板门，其余各间的槅花隔扇窗均改为直棂吊搭式窗。室内东侧两间隔出为暖阁，作为居住的寝室，门的西侧四间设南、北、西三面炕，作为祭神的场所。

与门相对后檐设锅灶，作为杀牲煮肉之用。由于是皇家所用，灶间设槅花扇门，浑金毗卢罩，装饰考究华丽。

坤宁宫的东端两间是皇帝大婚时的洞房。房内墙壁饰以红漆，顶棚高悬双喜宫灯。洞房有东、西两门，西门里和东门外的木影壁内外，都饰以金漆双喜大字，有出门见喜之意。

洞房西北角设龙凤喜床，床铺前挂的帐子和床铺上放的被子，都是江南精工织绣，上面各绣神态各异的100个顽童，称作"百子帐"和"百子被"，五彩缤纷，鲜艳夺目。

皇帝大婚时要在这里住两天，之后再另住其他宫殿。如果先结婚后当皇帝的，就不能享受这种待遇了。所以清代只有年幼登基的康熙

帝、同治帝、光绪帝3个皇帝用过这个洞房。

东暖阁为敞两间，前檐通连大炕一铺，后檐落地罩木炕每间一铺，落地罩上面仙楼两间。据康熙四年礼部奏折，内有"……今奉太皇太后懿旨，中间合卺与神幔甚近。首间次间虽然间隔尚是中宫之正间内北炕吉"，显然，中间即指正中有"坤宁宫"匾额的一间，首间即指有煮肉锅灶的一间，次间的北炕，是指东暖阁靠西边的落地罩炕而言。

在这个炕的范围内，有紫檀雕龙凤炕几两张，紫檀雕龙凤双喜字桌灯两对，红呢炕罩一件，黄毡毹炕垫一件等物品。

前檐大炕东西墙上，还有两幅清朝画家蒋廷锡和顾铨的画、案上的白玉盘、珐琅炉瓶盒、紫檀木嵌玉如意、案下的潮州扇、玻璃四方容镜、雕漆痰盒、竹帚，以及墙上挂的钥匙口袋等。自道光帝至宣统帝，一直是这些摆设，它们都是乾隆年间制品。

在炕沿鼻柱的大铜钉上，还挂着一份弓箭撒袋，虽然不是为了实用，但和坤宁宫的很多从生活实用品变成的象征性陈设品是协调统一的，因而还是摆了上去。

北京故宫坤宁宫东暖阁康熙帝新房

雍正帝以后，皇帝移住养心殿，皇后也不再住坤宁宫，坤宁宫实际上已作为专供萨满教祭神的场所。

北京故宫坤宁宫偏殿

清朝皇室每年都要举行大大小小的祭祀。这也是皇帝皇后的重要职责之一。在这些祭祀中，有一些是要皇后进行的，而且地点就在坤宁宫中。

满族的居住设计有着不同于汉族的特色，根据满族传统风俗，住房一般为西、中、东3间，大门朝南开，西间称西上屋，中间称堂屋，东间称东下屋。西上屋设南、西、北三面炕，西炕为贵，北炕为大，南炕为小。

由于满族人以西为上，故西墙供神或祖宗牌位。西炕一般不住人，南北炕以南炕为大，长辈住南炕，晚辈住北炕。

由于以上原因，在顺治十二年，清朝对坤宁宫进行了改建，除东西两头的两间通道外，按满族的习俗把坤宁宫西端四间改造为祭神的场所。从东数第三间开门，并改成两扇对开的门。进门对面设大锅3口，为祭神煮肉用。自此以后，坤宁宫就成了专门的祭祀场所。

阅读链接

在明代，坤宁宫是皇后的寝宫。面阔9间，原来是正面中间开门，有东西暖阁。李自成农民起义军打进北京时，崇祯皇帝的皇后周氏就是在坤宁宫自缢身亡的。

清代重建时，除东西两头的两间通道以外，均按照满族的习俗，将正门开在偏东的一间，改棂花格窗为直条格窗，殿内西部改为三面环形的大炕，这样就使坤宁宫的内外装修都不同于其他宫殿。

以举办宴会而闻名的乾清宫

1722年，康熙帝69岁了，为了预庆自己即将满70岁，这年正月，他在紫禁城的乾清宫前庭院举办了一场空前盛大的宴会。

因宴会人数太多，所以此次宴会分两场举行：

乾清宫的乾清门

第一场是在正月初二，八旗满洲、蒙古、汉军文武大臣官员，在职的、离退休的、退斥的，年龄在65岁以上者，共680人，在乾清宫前宴会。康熙帝请来了各地诸侯、贝勒、贝子、王公及闲散宗室成员出来为老人们授爵劝饮，分发食物。

第二场是在正月初五，汉文武大臣官员，在职的、离退休的、退斥的，年龄在65岁以上者，共340人，在乾清宫前宴会。

以上两场共有1020人参加盛宴。在第二场宴会上，康熙帝赋七言律诗一首，并命参与宴会的满汉大臣官员作诗相和，以诗来纪念这场宴会，题名为《千叟宴诗》。

因此，后人们又把这次宴会称作"千叟宴"。这首御制的《千叟宴诗》如下：

> 百里山川积素妍，古稀白发会琼筵。
>
> 还须尚齿勿尊爵，且向长眉拜瑞年。
>
> 莫讶君臣同健壮，愿偕亿兆共昌延。
>
> 万机唯我无休假，七十衰龄未歇肩。

在康熙帝举行这次"千叟宴"时，他12岁的小孙子弘历作为皇孙也参加了这次宴会。千叟宴宏大的场面给幼小的弘历留下了深刻印象。

成年后的弘历成为清朝的第六任皇帝，也就是乾隆帝。乾隆帝继位后，也想要和自己的祖父一样，办一场盛大的宴会，于是，在他年满75岁时，为了纪念他继位50周年，他也在紫禁城的乾清宫前院举行了一次规模宏大的千叟宴。

这样一来，这个由两位帝王举行宴会的地址乾清

七言律诗 是律诗的一种。律诗是我国近体诗的一种，因其格律严密，故名。起源于南北朝，成熟于唐初。八句，四韵或五韵。中间两联必须对仗。第二、第四句、第六、第八句押韵，首句可押可不押，通常押平声。分五言、七言两体。七字的称七言律诗，简称七律。

嫔妃 指我国古代帝王的妻妾。也指我国古代皇宫里的女官。嫔，原意为宫廷女官；多指皇帝的妾，侍从。妃，原意为配偶，多指帝王的妻，位次于皇后；亦指太子、王、侯的妻。

九卿 各代"九卿"不一。西汉时九卿是列卿或众卿。明、清遂改以吏、户、礼、兵、刑、工六部尚书，都御史，大理寺卿，通政司使为九卿，以前的九卿之官或有保留，但已成虚衔或加官、赠官。

■ 故宫乾清宫

宫由于得到了帝王们多次青睐而显得重要起来。

那么，这乾清宫到底在紫禁城内的什么地方？它又是一座什么样的建筑呢？

其实，这里是皇帝的正寝居所，它和紫禁城内的另外两座建筑交泰殿和坤宁宫共同组成了故宫建筑的后三宫。这三宫是皇帝及嫔妃生活娱乐的地方，它们在建筑风格上明显不同于故宫内的外朝三殿。

故宫内现存的后三宫位于外朝前三殿后的中轴线上，是故宫内廷的中心建筑。此建筑区域以门庑相围，平面呈矩形，南北长约220米，东西宽约120米，占地面积2.6万平方米，房屋420余间。

整个后三宫区南起乾清门前的广场，门内高两米的台基上南北依次排列乾清宫、交泰殿、坤宁宫，后庑正中为通往御花园的坤宁门。

这里的乾清门广场是紫禁城前朝与内廷的分界，南面接三台，北面是第二大宫门乾清门，东面的景运门与西面的隆宗门是进入内廷的重要门禁。门内广场两侧设有军机处、蒙古王公值房、九卿房以及侍卫值

房等。

　　乾清门内就是后三宫区的第一个院落乾清宫。此殿于明代永乐年间建成，后来曾数次遭焚和重建。现存的建筑是清嘉庆帝在1798年重建的。

　　乾清宫是皇帝处理日常政务，批阅各种奏章的地方，后来还在这里接见外国使节。

　　此殿为黄琉璃瓦重檐庑殿顶，坐落在单层汉白玉石台基之上，连廊面阔9间，进深5间，建筑面积1400平方米，自台面至正脊高20余米，檐角置脊兽9个，檐下上层单翘双昂七踩斗栱，下层单翘单昂五踩斗栱，饰金龙和玺彩画，三交六椀花隔扇门窗。

■ 故宫乾清宫铜狮

　　殿内明间、东西次间相通，明间前檐减去金柱，梁架结构为减柱造形式，以扩大室内空间。后檐两金柱间设屏，屏前设宝座，东西两梢间为暖阁，后檐设仙楼，两尽间为穿堂，可通交泰殿、坤宁宫。

　　殿内铺墁金砖。殿前宽敞的月台上，左右分别有铜龟、铜鹤、日晷、嘉量，前设鎏金香炉4座，正中出丹陛，接高台甬路与乾清门相连。

　　乾清宫建筑规模为内廷之首，明朝的14个皇帝和清朝的顺治帝、康熙帝两个皇帝，都以乾清宫为寝宫，在这里居住，平时也在这处理日常政务。

　　在现存的乾清宫正殿内，有一张皇帝的宝座。宝

五踩斗栱 斗栱形式之一。里外各出两拽架的斗栱，单翘单昂、重昂或重翘单字斗栱皆为五踩斗栱。斗栱组合有头翘一件，头昂后带翘头一件，二昂后带六分头一件，蚂蚱头后带菊花头一件，外拽用单材瓜栱、单材万栱、厢栱各一件，正心瓜栱、正心万栱各一件。

座上方悬着由清代顺治帝御笔亲书的"正大光明"匾，这个匾的背后藏有密建皇储的"建储匣"。

在清朝，皇子之间夺取皇位的明争暗斗相当激烈。为了缓和这种矛盾，自雍正朝开始采取秘密建储的办法，即皇帝生前不公开立皇太子，而是秘密写出所选皇位继承人的文书，一份放在皇帝身边，另一份封在"建储匣"内，放到"正大光明"匾的背后。

皇帝死后，由顾命大臣共同取下"建储匣"，和皇帝密藏在身边的一份对照验看，经核实后宣布皇位的继承人。

据说，乾隆帝、嘉庆帝、道光帝、咸丰帝四帝，都是按此制度登上皇帝宝座的。至清代后期，由于咸丰帝只有一个儿子，同治帝和光绪帝皇帝没有儿子，这种秘密立储的办法便失去了其意义。

此外，在清代时，乾清宫还是皇帝死后停放灵柩的地方。也就是说，即使皇帝死在其他地方，也要先把他的灵柩运往乾清宫停放几天，再转至景山内的观德殿，最后正式出殡。

在乾清宫的东西两侧为昭仁和弘德两座便殿，它们是围绕乾清宫院落的庑房，在这里设有管理御膳、御茶、御药、御用衣冠、御用文

故宫金銮殿内景

■ 道光帝（1782—1850），清宣宗皇帝，名爱新觉罗·绵宁，后改为爱新觉罗·旻宁。嘉庆帝病死后继位，是清入关后的第六个皇帝，是清代唯一以嫡长子身份即位的皇帝。在位30年。病死，终年69岁，葬于今河北省易县西部墓陵。

具等各类机构。在清代，康熙帝也曾将书房设在这里。

在故宫的后三宫区域，除了乾清宫、交泰殿和坤宁宫这3座主要大殿院落，后三宫的两翼还有养心殿、东六宫、西六宫、斋宫、毓庆宫，后有御花园。这些建筑是封建帝王与后妃居住、游玩之所。

其中，东六宫区位于中轴线上后三宫区的东面，包括景仁宫、承乾宫、钟粹宫、景阳宫、永和宫、延禧宫6座宫殿院落。

东六宫的总体格局十分规整，每一宫殿都是两进院落，前殿举行仪礼，后殿用于起居。前后院落正殿的东西两侧各设配殿和耳房，后院西南角有井亭一座，这是六宫规整一致的布局。

在东六宫区中，只有东北角的景阳宫形制是3开间的庑殿顶，与其他5座宫殿五开间的歇山顶不同，这与西六宫区西北角的咸阳宫形成呼应。

另外，延禧宫院内殿宇后来在清道光年间经火灾烧毁后一直未能复建，直至清末，光绪帝的皇后想要在其中修建一座西洋风格的水殿，后被迫停建，只存留下铁铸构架与汉白玉石基。

顾命大臣 是指代替皇帝掌管朝政的人，他可能是太后、皇后，也可能是摄政王、外戚权臣、辅政大臣，其权势应在当朝皇帝之上，甚至可以决定皇帝的废立。能被选中做"顾命大臣"的人，才能、品德一般都是文官中的翘楚，再加上没有裙带关系做后台，他们一般都比较小心谨慎，整体表现远强于外戚。

西六宫区位处中轴线后三宫西侧，包括永寿宫、翊坤宫、储秀宫、太极殿、长春宫、咸福宫等宫院，是明、清两代后妃们的居所。

西六宫区原与东六宫格局相同，总体上6座院落的划分十分规整。但至晚清时期，紫禁城的主人们开始改造某些宫殿，主要是将长春宫与太极殿两宫前后贯通，翊坤宫与储秀宫两宫贯通，形成了两座四进大院落，这两座宫院在清末都曾被慈禧太后使用过。

西六宫区只有永寿宫与咸福宫还保留着最初的格局，明、清皇帝有时也使用这两座宫殿。

因为清末慈禧太后的大规模改建和修缮，西六宫区是故宫中原状保存较好的院落，再现了许多清末皇家陈列的情景。

阅读链接

据说，康熙帝在60岁生日的时候，第一次举行了"千叟宴"。当时，举行宴会的地址在圆明园南的畅春园内，宴会共分3天举行。

第一天，汉族大臣、官员及士庶年90岁以上者33人，80岁以上者538人，70岁以上者1823人，65岁以上者1846人。诸皇子、皇孙、宗室子孙年纪在10岁以上、20岁以下者均出席为老人们执爵敬酒、分发食品，扶80岁以上老人到康熙帝面前亲视饮酒，以示恩宠，并赏给外省老人银两不等。

第二天，康熙帝在畅春园正门前，又重设酒筵招待八旗大臣、官兵及闲散人年90岁以上者7人，80岁以上者192人，70岁以上者1394人，65人以上者1012人，其他礼遇如前。

第三天，康熙帝在畅春园皇太后宫门前，又宴请了70岁以上的八旗老妇，90岁以上者就席宫门内，80岁以上者就席丹墀下，其余都在宫门外。

这次参加宴会的满汉耆老多达6600余人，加上人数不详的八旗老妇，约为7000人，其盛况情景被传为佳话。

弘历为母亲养老修建的寿康宫

1735年，清朝的第五位皇帝雍正帝去世，他的儿子爱新觉罗·弘历继承了皇位，改年号为乾隆。

弘历当上皇帝后，他的母亲钮祜禄氏自然就成了孝圣太后，这时，紫禁城内的太后宫区主要由慈宁宫和咸安宫组成。而当时的慈宁宫自孝庄以后，除了举行一些典礼仪式外，几十年没住过人了。

咸安宫又被雍正帝改成了"宫学"，其他一些殿宇又有年老的妃嫔们居住。那么，贵为皇太后的钮钴禄氏又该住在哪里呢?

经过多方面的考虑，乾隆帝把慈宁宫西侧的宫墙拆掉，建了一座新宫殿。

■ 孝圣太后（1693—1777），钮祜禄氏，满洲镶黄旗人，四品典仪官凌柱之女。13岁时入侍雍和宫邸，号格格，为雍王胤禛藩邸格格。1711年生下儿子弘历，母以子贵，封为侧福晋，1735年儿子弘历即位，尊为圣母皇太后、崇庆皇太后。

后罩房 是指四合院中正房后面和正房平行的一排房屋。它是在四合院中最后一进的院子里。后罩房和正房朝向一致，坐北朝南，其间数一般是和倒座房相同，以尽量添满住宅基地的宽度。后罩房的等级低于正房和厢房，一般是女儿和女佣等女眷居住之地。

1736年，也就是弘历当上皇帝的第二年，位于紫禁城内廷外西路，慈宁宫西侧处，一座崭新的宫殿完满竣工。乾隆帝为此宫殿取名为"寿康宫"。

故宫内现存的寿康宫主宫区呈南北方向的长方形，南北长148米，东西宽57米，周围有红墙环绕，占地约8436平方米。宫内建筑包括宫门、正殿、后殿、东西配殿、东西围房等。

此宫殿由南北三进院组成，院墙外东、西、北三面均有夹道，西夹道外有房数间。院落南端寿康门为琉璃门，门前为一个封闭的小广场，广场东侧是徽音右门，可通慈宁宫。

寿康门内正殿即为寿康宫。宫殿坐北朝南，面阔5间，进深3间。

黄琉璃瓦歇山顶，前出廊，明间、次间各安三交六椀花扇门4扇，梢间为三交六椀花隔扇槛窗各4扇，后檐明间与前檐明间相同，其余开窗。

殿内悬挂着乾隆皇帝御书的"慈寿凝禧"匾额，

■ 寿康宫和玺彩画

东西梢间辟为暖阁，东暖阁是皇太后日常礼佛的佛堂。殿前出月台，台前出三阶，中设御路石，月台左右亦各出一阶。

寿康宫的东西配殿面阔各3间，黄琉璃瓦硬山顶，前出廊。东配殿明间安扇门，西配殿明间扇、风门为后来改装。次间均为槛窗，每间用间柱分为两组，窗棂均为一抹三件式。两配殿南设耳房，北为连檐通脊庑房，与后罩房相接。

寿康宫以北是第二进院，后殿为寿康宫的寝殿，门额上写着"长乐敷华"几个大字，有甬道与寿康宫相连。

此殿面阔5间，进深3间，黄琉璃瓦歇山顶。前檐出廊，明间安步步锦扇、玻璃风门，次、梢间安窗，上为步步锦窗格，下为玻璃方窗。室内以锦扇分为5间。后檐明间开扇门，接叠落式穿堂，直达后罩房。

此外，寿康宫内的彩画按形制绘制为"龙凤和玺"，画面中象征皇权的龙凤纹样占据主导地位，构

风门 古建筑门的一种。在居住建筑外门做出双层门，靠外一层门即称风门。风门既可做在单扇房门外边，也可做在隔扇门外边。高宽尺寸随隔扇的边框尺寸而定。风门一般朝外开，常与帘架配合使用，用以遮蔽风尘。

步步锦 我国古建筑门窗常用的棂条组合形式。其做法是用棂条拼成一个长方形，上下左右对称排列。棂条交接处做成尖榫，用胶粘牢。

康慈皇太后 博尔济吉特氏，刑部员外郎花郎阿之女，生于嘉庆年间。初入宫为静贵人，后升为贵妃。清文宗成丰皇帝即位后尊她为皇考康慈皇贵太妃。1855年农历七月太妃病笃，被尊为康慈皇太后，同年七月初九日崩，享年44岁。

图严谨，图案复杂，大面积使用沥粉贴金。这种和玺彩画仅用于皇家宫殿、坛庙的主殿及堂、门等重要建筑上，是彩画中等级最高的形式。

寿康宫在嘉庆和光绪两朝曾重修。在紫禁城建筑中，寿康宫规模不算宏大，但结构完整，设施齐备，是比较重要的一组建筑。

在清代，这里是太后、太妃们的养老之地，道光朝的孝和睿太后、咸丰朝康慈皇太后等都曾在此颐养天年，慈禧太后晚年也曾在此小住。这里的三宫、四所等宫殿供太妃太嫔等居住。寿康宫常驻大夫，备有常见药材，有厨师和卫士。

清代皇太后身边宫女为12人，太后每年可得20两黄金、2000两白银、124条名贵兽皮、400个银纽扣等，这是后宫中的最高待遇。

再说清朝的这位乾隆皇帝，他可是有名的孝子，据史料记载，孝圣太后在寿康宫居住的时候，乾隆帝

■ 寿康宫旋子彩画

■ 故宫寿康宫建筑
和玺彩画

几乎每天都来问安。他在寿康左门下轿，步行进入寿康宫。到了太后居住的暖阁后，乾隆要跪在地上问候起居。

正因如此，所以乾隆帝不仅为母亲修建了寿康宫，还为母亲在紫禁城内改建了一座花园，名为慈宁宫花园。

此花园位于故宫内廷外西路慈宁宫的西南，始建于明代，本来是明清太皇太后、皇太后及太妃嫔们游憩、礼佛之处。花园中原有临溪观、咸若亭等建筑，1583年改名为"临溪亭""咸若馆"。

1769年进行大规模改建，此后虽"颇有更动"，但花园总的规模和布局始终没有大的变化。

故宫内现存的慈宁宫花园南北长约130米，东西宽50米，总占地面积6800平方米。园中仅有建筑11座，占地不到总面积的五分之一。集中于花园北部，

光绪帝（1871—1908），清德宗爱新觉罗·载湉，清朝第十一位皇帝，也是清朝入主中原之后的第九位皇帝。他4岁登基，由慈安太后、慈禧太后两宫太后垂帘听政至18岁。此后虽名义上归政于光绪帝，但实际上大权仍旧掌握在慈禧太后手中。

■ 故宫寿康宫和玺彩绘

南部则地势平坦开阔，莳花种树，叠石垒池，意在使太后、太妃嫔们不费跋涉之劳便可欣赏到山林的美景。

除此之外，在孝圣太后60岁寿辰时，乾隆又改建了紫禁城内廷的咸安宫为寿安宫，为母亲的生日献礼。至此，以慈宁宫、寿康宫、寿安宫为主的故宫太后宫区基本成型。

故宫内现存的寿安宫前后分为三进院落，东西各有跨院。正门寿安门为随墙琉璃门3座，当中门内设4扇木屏门照壁，上面覆盖有黄色琉璃瓦顶。中院正殿寿安宫面阔5间，进深3间，黄琉璃瓦歇山顶。

1773年，孝圣太后80岁了，由于她年事已高，乾隆帝又命人将慈宁宫重新"装修"，将屋顶的"单檐"结构升级为规制更高的"重檐"，让母亲移居到了慈宁宫。

4年后，孝圣太后在慈宁宫去世，此后，慈宁宫再没住过人，即使是后来的慈禧太后，也觉得自己难与此宫相匹，仅在寿康宫小住。

阅读链接

紫禁城内的寿安宫是太后寿宴的重要举办场所，孝子乾隆帝一共在这为太后办过3次隆重的大寿。寿典规模之宏大，在整个清朝历史上也属罕见。

太后大寿时，从寿安宫到京西畅春园，一路张灯结彩，每数十步建一座戏台。乾隆帝身着龙袍、衮服，骑着高头大马为前导，率王公大臣和妃嫔亲自躬请跪迎，场面极为壮观。为博母亲一笑，他命人打造可照出无数人像的奇巧镜面，下令仿江南式样建造苏州街。由此可见，乾隆帝对母亲是非常重视的。

乾隆帝为退位始建宁寿宫

1795年，是弘历当上清朝皇帝的第六十年，此时，他已经是一个85岁的老人了，为了不逾越自己的祖父康熙帝在位61年的纪录，他决定将皇位禅让给第十五子颙琰，自己当上了太上皇。

这位颙琰皇子便是清朝的第七位皇帝嘉庆帝，在他当上皇帝的第四天，他的父亲乾隆帝便在紫禁城内廷的

■ 嘉庆帝（1760—1820），全名爱新觉罗·颙琰，清朝第七位皇帝，乾隆帝第十五子。年号嘉庆，1795年至1820年在位。在位前4年是太上皇乾隆帝发号施令，嘉庆帝并无实权。乾隆帝死后才独掌大权。

宁寿宫皇极殿内再次举办了一次"千叟宴"。

这时，乾隆已是80多岁的老人了，他觉得，那些60岁的老人与他已有26岁的年龄差距，因此，在这次的"千叟宴"上，他要求参宴老人的年龄由60岁改为70岁以上。

这天，宁寿宫皇极殿的场面异常地庄严、宏大。皇极殿檐下，陈设着中和韶乐；宁寿门内，陈设着丹陛大乐。殿内，陈设王公、一二品大臣席位；殿廊下，布设朝鲜等藩属国使臣席位；殿外阶下，是参与千叟宴的老人的席位。

宴会开始，中和韶乐奏响，在嘉庆帝的侍奉下，太上皇乾隆帝坐上了皇极殿的宝座。嘉庆帝亲率领3056名银须白发的耄耋老人山呼万岁，为太上皇祝寿。面对着天下耆老为自己祝寿的场景，太上皇乾隆帝心满意得。

在宴会的过程中，从内心生发出来的喜悦使平时严厉的乾隆帝充满了温情，他召请王公一品大臣与宴会中90岁以上的老叟到御座前，亲自赐给他们御酒。

他又命自己的皇子、皇孙、皇曾孙、皇玄孙等，给殿内王公大臣行酒；皇宫侍卫负责给殿外的与宴者行酒。

在老人席位中，有两位分别为106岁和100岁的老人熊国沛和邱成龙也参加了这次宴会，乾隆帝称他们为"百岁寿民""升平人瑞"，并赏给他们六品顶戴。

老人中，还有很多年满90岁的，乾隆帝赏给他们七品顶戴，以表示自己对老人们的尊敬。

宴会结束后，乾隆帝又与宴会人员即席赋诗，这是我国古来君臣宴会上的传统，在清代达到极致。这次宴会后结集的诗作共有3497首。

这次千叟宴结束后，乾隆帝正式以太上皇身份入住宁寿宫。

紫禁城内的宁寿宫建筑群，是专门为乾隆帝退位后养老而修建的，它位于紫禁城内廷东部，是在顺治帝时期修建，于1772年改建而成的，共由东、西、中三路建筑群组成。

其中，中路建筑群由九龙壁、皇极门、宁寿门、皇极殿、宁寿宫、养性门、养性殿、乐寿堂、颐和轩和景祺阁等组成。

西路建筑群由衍祺门、古华轩、矩亭、抑斋、遂

古代建筑杰作

北京故宫

■ 北京故宫建筑

高浮雕 指所雕刻的图案花纹高出底面的刻法，多见于笔筒、香筒，寿山石雕刻中也有采用高浮雕。高浮雕的因材施艺、因色取巧，在创作过程中至关重要。高浮雕是介于圆雕和薄意之间的技艺特性。高浮雕技法起位较高、较厚，形体压缩程度较小，因此其空间构造和塑造特征更接近于圆雕。

初堂、旭辉庭、碧螺亭、云光楼、三友轩、符望阁、倦勤斋和珍妃井等组成。

东路建筑群由畅音阁、扮戏楼、阅是楼、庆寿堂、寻沿书屋、景福宫、佛日楼和梵华楼等组成。

宁寿宫建筑群内的九龙壁，位于宁寿宫内的皇极门外。壁长29.4米，高3.5米，厚0.45米，是一座背倚宫墙而建的单面琉璃影壁，为1772年改建宁寿宫时烧造。

壁上部为黄琉璃瓦庑殿式顶，檐下为仿木结构的椽、檩、斗栱。壁面以云水为底纹，分饰蓝、绿两色，烘托出水天相连的磅礴气势。下部为汉白玉石须弥座，端庄凝重。

壁上9条龙以高浮雕手法制成，最高部位高出壁面0.2米，形成很强的立体感。

从九龙壁进入，便是宁寿宫建筑群的皇极门，这是故宫内廷外东路宁寿宫区的正门，建于1771年。

皇极门前有东西狭长的小广场，其西侧为锡庆门，西出不远即景运门，东侧为敛禧门，东出即南北十三排，正南方向便是九龙壁。

皇极门北与宁寿宫内的宁寿门相对，过宁寿门为皇极殿，皇极殿后是宁寿宫，这种门殿交错的独特布局是1772年改建宁寿宫时形成的。

皇极门形制独特，制作精美，兼有门的形式与壁的特色，恰到好处地承转了南面九龙壁和北面宁寿门的建筑风格，堪称"紫禁城内琉璃门之冠"。

宁寿门是宁寿宫建筑群的第二道宫门。这一区域原为明代一号殿旧址，1772年改建宁寿宫建筑群时，成为宁寿宫区宫门。

宁寿门建于汉白玉石台基上，中设丹陛，三出阶，左右置有鎏金铜狮各一只。此门为屋宇式建筑，黄琉璃瓦歇山式顶，面阔5间，进深3间。

前檐正中3间建为敞厅，两梢间下砌槛墙，上置三交六椀棂花槛窗各4扇，中安方格风窗。两侧山墙接八字影壁。后檐以金柱为界，明间和左、右次间设门，两梢间以墙封堵，墙为素面饰砂绿边。门内设高台甬路与后面的皇极殿相连，周围饰有栏板。

明间 建筑名词，即外间。一般比里间大而敞亮。建筑正中一间称明间，宋代称当心间。其左、右侧的称次间，再外的称梢间，最外的称尽间，9间以上的建筑增加次间数。

歇山式 常见古建筑屋顶的构造方式之一。由前后两个大坡檐，两侧两个小坡檐及两个垂直的等腰三角形墙面组成。即前后左右四个坡面，在左右坡面上各有一个垂直面，故而交出九个脊，又称九脊殿，多用在建筑性质较为重要的建筑上。

■ 北京故宫宁寿宫大门

雀替 是指我国古建筑特色构件之一。宋代称角替，清代称为雀替，又称为插角或托木。通常被置于建筑的横材梁、枋与竖材柱相交处，缩短梁枋的净跨度从而增强梁枋的荷载力；减少梁与柱相接处的向下剪力；防止横竖构材间的角度倾斜。木建筑上用木雀替，石建筑上用石雀替。

皇极殿为宁寿宫区内的主体建筑，始建于1689年，初名宁寿宫。此殿原为工字殿。1771年将其前殿改建为皇极殿，原有匾额移至后殿，改称后殿为宁寿宫，并在宁寿宫区最南端添建皇极门。

皇极殿位于宁寿宫区的中轴线前部，与后殿宁寿宫前后排列于单层石台基之上，其造型与乾清宫大体相仿。大殿坐北朝南，面阔9间，进深5间，取帝尊九五之制。

黄琉璃瓦重檐庑殿顶，前檐出廊，枋下浑金雕龙雀替。明间，左、右次间都设有殿门，余各次间下砌槛墙。后檐明、次间辟为殿后门，可达宁寿宫，余各间砌墙。

殿中4根沥粉贴金蟠龙柱，顶置八角浑金蟠龙藻井，下设宝座，品级仅次于太和殿。殿内左置铜壶滴漏，右置大自鸣钟，制作考究。

这里是乾隆帝退位后临朝受贺之地。

皇极殿丹陛左右分置日晷、嘉量，这是体现皇权

■ 北京故宫皇极殿大门

的重要陈设。御道两侧各有六方须弥座一个，座上置
重檐六角亭，亭身每面镌篆体寿字各三。

石座中心有铸铁胆，每年腊月二十三至正月
十五，则改立灯杆于其中，是古代多用途基座实例，
现在这里仅存其基座。

大殿建于青白石须弥座上，前出月台。御路与甬
道相接，直贯宁寿门，四周通饰汉白玉石栏板。月台
左右及甬道两侧各设台阶。殿两侧为垂花门、看墙，
分别与东、西庑房相接，将院落隔为前后两进。庑中
开门，东为凝祺门，西为昌泽门。

皇极殿后面的宁寿宫建于单层石台基之上，台基
与皇极殿相接，四周以黄绿琉璃砖围砌透风灯笼矮
墙。宫殿面阔7间，进深3间，单檐歇山式顶。

檐廊柱枋间为镂空云龙套环，枋下为云龙雀替，
皆饰浑金，堂皇富丽。内外檐装修及室内间隔、陈设
皆仿坤宁宫。东次间开门，置光面板门两扇，上为双
交四椀亮子，门左右下砌槛墙，上安直棂吊搭窗。

余各间均为槛墙、直棂吊搭窗。每间上部各安双

镂空 指在物体上
雕刻出穿透物体
的花纹或文字。
它是一种雕刻技
术。外面看起来
是完整的图案，
但里面是空的或
者里面又镶嵌小
的镂空物件。这
种雕刻技术还被
广泛应用于石
雕、玉雕、木
雕、象牙雕等艺
术雕刻领域，甚
至果雕、面粉雕
也大量采用了这
种雕刻技法。

交四椀横披窗3扇。后檐明、次
间为门，每道门双交四椀棂花4
扇，余各间砌墙。室内吊顶镞花
蝙蝠圆寿字天花。

迎门一间后檐设有一间小
室，内置煮肉锅灶。西侧3间敞
通，安木榻大炕，设有萨满教神
位及跳神用法器，为祭祀之所。
东侧两间相连为卧室，后檐设仙
楼，东山墙辟门，可通庑房。

宁寿宫两侧建庑房及南转角
与东西两庑相连，两庑各9间，
均于南数第三间、第六间开门。殿后左右各有一座砖
砌的方形烟囱，上安铜顶，为宁寿宫灶房及室内烟道
所用。改建后的宁寿宫成为紫禁城内除坤宁宫以外的
另一处体现满族风俗的重要建筑。

宁寿宫后面的养性门为宁寿宫区的养性殿、乐寿
堂、颐和轩三进宫殿的正门，门内各殿是乾隆退位后
的休养之地。

养性门面阔5间，黄琉璃瓦，单檐歇山顶，中3间
开门，前有汉白玉石栏杆，金龙和玺彩画，慈禧太后
居住宁寿宫时，改为苏式彩画，现存的为修复后的金
龙和玺彩画。门外有镏金铜狮两座。大门两侧背后有
绿色琉璃照壁和角门。

养性门的造型与乾清门、宁寿门、慈宁门相仿，
但体积略小，台基较低。

■ 北京故宫养性门
前的镏金铜狮

苏式彩画 是一大
类彩画的总称，
它有相对固定的
格式，一般用于
园林中的小型建
筑，如亭、台、
廊、榭以及四合
院住宅、垂花门
的额枋上。此画
源于江南苏杭地
区民间传统做
法，故名，俗称
"苏州片"。故
宫内苏式彩画多
用于花园、内廷
等处，大都为乾
隆、同治或光绪
时期的作品。

养性门内的养性殿为宁寿宫建筑群后寝主体建筑之一，始建于1772年，主要是仿制紫禁城内廷的养心殿而建造的。

此殿为黄琉璃瓦歇山顶，面阔3间，每间以方柱支撑，隔为9间，前接卷棚抱厦4间。明间、次间开门，原为三交六椀棂花隔扇，现为玻璃门窗，明间4扇，余各两扇。进深4间，室内隔为小室数间，曲折回环。

明间前后开门，中设宝座，顶置八角浑金蟠龙藻井，片金升降龙天花。左右置板墙与东西次间相隔，墙各辟门，对称而设，门楣之上置毗庐帽。东暖阁分为前后两组空间，前曰明窗，后曰随安室，室东悬"俨若思"匾，皆为乾隆帝御笔。

抱厦 建筑术语。是指在原建筑之前或之后接建出来的小房子。顾名思义，在形式上如同捧抱着正屋、厅堂。宋代管这样的建造形式的殿阁叫"龟头屋"，清代的叫法就是"抱厦"。在主建筑之一侧突出1间，由两个九脊殿丁字相交，插入部分叫抱厦。

■ 北京故宫养性殿八角浑金蟠龙藻井

壮丽皇宫

三大故宫的建筑壮景

■ 慈禧太后（1835—1908），孝钦显皇后，叶赫那拉氏，名杏贞，出身于满洲镶蓝旗的一个官宦世家，咸丰帝的妃子，同治帝的生母。以皇太后身份垂帘听政取得朝政的实际控制权，成为清朝"无冕女皇"。

养性殿作为太上皇乾隆帝的寝宫，四面墙壁上原为和玺彩画。此殿在光绪十七年重修后，除墨云室仍为和玺彩画外，其他均改为苏式彩画。

宁寿宫建筑群的乐寿堂在养性殿之后，是乾隆帝以此为退位后的寝宫，殿门前的左右木柱上有御题"座右图书娱画景"联句。此堂亦称宁寿宫的读书堂，始建于1772年，现存建筑是1891年重修。1894年，慈禧太后曾居住，以西暖阁为寝室。

乐寿堂面阔7间，进深3间，周围廊。通面阔36.15米，通进深23.20米，建筑面积839平方米。单檐歇山顶，覆黄色琉璃瓦，自地面至正脊高18.7米。

■ 乐寿堂前古建筑

"乐寿堂"的匾额高悬于室内北部大厅北檐。

在乐寿堂后面，还有和其在同一时期内修建的颐和轩和景祺阁，它们是紫禁城宁寿宫建筑群中路的最里面建筑。

其中，颐和轩面阔7间，进深一间，为单檐歇山式建筑。景祺阁为二层楼阁式建筑，面阔7间，进深3间，为黄琉璃瓦歇山顶。

现存故宫内宁寿宫西路建筑群也被称为宁寿宫花园或乾隆花园，建于1771年至1776年，总共花费了6年的时间才完成。

花园南北长160米，东西宽37米，占地面积5920平方米，建筑布局精巧，组合得体，是宫廷花园的典范之作。

花园分为四进院落，结构紧凑、灵活，空间转换，曲直相间，气氛各异。花园的结构主要由3部分组成。

正脊 又叫大脊、平脊，位于屋顶前后两坡相交处，是屋顶最高处的水平屋脊，正脊两端有吻兽或望兽，中间可以有宝瓶等装饰物。庑殿顶、歇山顶、悬山顶、硬山顶均有正脊，卷棚顶、攒尖顶、盝顶没有正脊，十字脊顶则为两条正脊垂直相交，盝顶则由4条正脊围成一个平面。

乾隆花园

第一部分是古华亭，取这个名字的原因是这里有一棵古楸树。这树到现在为止，已是第四代了，老树枯死而复生，绵亘了4代。为了欣赏这棵树，乾隆帝在树的前面盖了个"古华亭"，还自题楹联：

明月清风无处藏，

长楸古柏是佳朋。

穿过古华亭，便可进入乾隆花园的第二部分。这是个三合院，正厅叫遂初堂。

乾隆帝从25岁登基，做了60年的皇帝，至85岁退位，89岁死去。历代帝王中在位这么长久的皇帝没有几个人，这促使他更加致力于自己的享受，于是他用了很长时间修建这座花园。

当时正当乾隆盛世，他踌躇满志，就给庭院取了"遂初堂""符望阁"等这些显示封建帝王雄才大略的名字。

从三合院退出来，打开旁门，走完一条狭长的甬道，就进入乾隆花园的第三部分。这里有耸秀亭、延趣楼、翠赏楼、符望阁等古老的建筑。

特别引人注意的是假山顶上那座小亭子，亭子的5根柱子呈梅花形，亭顶的藻井、栏杆上的浮雕都是梅花图案，亭顶用紫酱、孔雀蓝两色琉璃瓦筑成，虽然有些褪色，看上去还是素雅别致。

亭顶上还有个石绿色的宝顶，上面画的还是梅花。小亭正门的匾额上还有乾隆御笔亲题的"碧螺"字样。

乾隆花园共有建筑物20多座，类型丰富，大小相衬，因地制宜，在平面和立面上采用了非对称的处理，在制度严谨的禁宫之中，尤其显得灵巧、新颖。因此，可以说，此花园是"宫中苑"或"内廷园林"的精品。

在现存的宁寿宫建筑群内，除了中西路建筑外，东路还有畅音阁、扮戏楼、阅是楼和庆寿堂建筑，这些建筑群体共同构成了紫禁城内廷东部的建筑群，它们的建成为老年的乾隆帝带来了诸多乐趣。

清嘉庆初年，退位后的乾隆帝以太上皇身份住在宁寿宫，他在这里继续掌控了朝政3年，直至驾崩。从此，清朝正式结束了乾隆时代，我国历史上的"康乾盛世"也终于画上了一个圆满的句号。

阅读链接

在乾隆花园的小亭子匾额上，乾隆为什么会题写"碧螺"的字样呢？

原来，当年康熙帝南巡至太湖，巡抚宋荦把洞庭东山碧螺峰产的野茶贡给皇帝喝，康熙帝为茶叶取了个文雅的名字："碧螺春"。乾隆帝以继承自己祖父的事业为己任，给小亭子取"碧螺"这个名字既有纪念他祖父的意思，又有取自江南名胜的意思。

另外，"碧螺"是春天的名词，梅花报春，取这个名字，既有皇帝对未来充满希望的遐想，也有园林专家模仿南方园林胜趣巧妙的构思。

隆裕太后命人修缮御花园

　　1908年11月14日、15日，清朝第十一位皇帝光绪帝和垂帘听政的慈禧太后相继死去。按照慈禧太后生前的安排，光绪的五弟载沣3岁的儿子溥仪继承了皇位，光绪帝的皇后静芬做了皇太后，即隆裕太后。

　　隆裕太后坐上太后的宝座以后，她为紫禁城的修建做了一件大事，这便是对紫禁城御花园的修建。

■ 鸟瞰御花园

■ 御花园内的钦安殿

御花园位于紫禁城中轴线上，坤宁宫后方，明代称为"宫后苑"，清代称御花园。始建于1420年。以后曾有修缮，现仍保留初建时的基本格局。

全园南北纵80米，东西宽140米，占地面积1.2万平方米。园内主体建筑钦安殿为重檐盝顶式，坐落于紫禁城的南北中轴线上，以其为中心，向前方及两侧铺展亭台楼阁。

御花园主体建筑钦安殿左右有4座亭子：北边的浮碧亭和澄瑞亭，都是一式方亭，跨于水池之上，只在朝南的一面伸出抱厦；南边的万春亭和千秋亭，为四出抱厦组成十字折角平面的多角亭，屋顶是天圆地方的重檐攒尖，造型纤巧，十分精美。两座对亭造型纤巧秀丽，为御花园增色不少。

倚北宫墙用太湖石叠筑的石山"堆秀"，山势险峻，磴道陡峭，叠石手法甚为新颖。山上的御景亭是

重檐盝顶式 盝顶的特点是顶部是平的，有4条正脊围成平顶，下接庑殿顶。用于殿阁的顶部就是封顶的，但用于仓库的、井亭的就不用封顶，而是露天的。盝顶在金、元时期比较常用，元大都的建筑中很多房屋都是盝顶，明、清两代也有很多盝顶建筑。

天圆地方 是我国古代科学对宇宙的认识。这是阴阳学说的一种体现。我国传统文化博大精深，阴阳学说乃其核心和精髓。阴阳学说，具有朴素的辩证法色彩，是我国先哲们认识世界的思维方式，几千年的社会实践证明了它的正确性，"天圆地方"是这种学说的一种具体体现。

帝、后重阳节登高去处。园中奇石罗布，佳木葱茏，其古柏藤萝，皆数百年物，将花园点缀得情趣盎然。

御花园甬道原先的制作工艺十分讲究。先用筛净的黄土垫底，再用细瓦条砌出图案轮廓，然后用桐油调制石灰等材料作为填充剂，镶入五彩卵石，用木砖拍平，晾干定型。

彩石路面，古朴别致。以不同颜色的卵石精心铺砌而成，组成900余幅不同的图案，有人物、花卉、景物、戏剧、典故等，沿路观赏，妙趣无穷。

御花园是一处以精巧建筑和紧凑布局取胜的宫廷园林。御花园的面积并不大，但古柏老槐与奇花异草，以及星罗棋布的亭台殿阁和纵横交错的花石子路，使整个花园既古雅幽静，又不失宫廷大气。这里是帝后茶余饭后休息游乐的地方。另外，每年登高、赏月活动也在这里进行。

御花园建筑布局对称而不呆板，舒展而不零散。无论是依墙而建还是亭台独立，均玲珑别致，疏密合度。其中以浮碧亭和澄瑞亭、万春亭和千秋亭最具特色。

两对亭子东西对称排列，浮碧和澄瑞为横跨于水池之上的方亭，朝南一侧伸出抱厦；万春亭和千秋亭为上圆下方、四面出抱厦、组成十字形平面的多角亭，体现了"天圆地方"的传统观念。两座对亭造型纤巧秀丽，

■ 御花园的甬道

为御花园增色不少。

园内现存古树160余棵，散布园内各处。那些参天古树孤独而苍凉地矗立着，任时间的利刃在身上刻下深深的印记。千回百转的时光交错中，留下的是那曾经的沧桑。

园中放置的各色山石盆景，千奇百怪。如绛雪轩前摆放的一段木化石做成的盆景，乍看似一段久经曝晒的朽木，敲之却铿然有声，确为石质，尤显珍贵。

■ 御花园内的古树

御花园原为帝王后妃休息、游赏而建，但也有祭祀、颐养、藏书、读书等用途。

阅读链接

在御花园内，有一棵被封为"遮阴侯"的古柏，它在园中名气最大。此树高7.8米，树围0.9米。它虽貌不出众，所在的位置也不显赫，但怎么会得此殊荣呢？

相传有一年，乾隆帝下江南，天气很热，随从人等个个汗流浃背，唯有乾隆爽身惬意。回朝后，乾隆皇帝在园中游玩来到此树前，一太监奉承道：皇上去江南时此树枯萎。皇上一回来此树又茂盛起来了，看来是此树随皇上一同去了江南。

乾隆帝一想，去江南的路上别人大汗淋漓，而自己却很凉爽，再听太监这么一说，想必此树暗中为我遮阴，不禁心中大喜，便赐封此古柏为"遮阴侯"。后来还为它题写了《柏树行》刻在碑上，碑就在树旁的搞藻堂西墙上。

浑然天成的故宫印象

北京故宫建成后，经历了明、清两个王朝，至1911年清帝退位的约500年间，历经了明、清两个朝代24位皇帝。

新中国成立后，北京故宫迎来了新生。故宫成为我国明清两代仅存下来的皇家宫殿。1961年，国务院宣布故宫为第一批全国重点文物保护单位。1987年，故宫被联合国教科文组织列为世界文化遗产。

北京故宫鸟瞰

现存的故宫建筑在布局上的主要特点可以概括为：前朝后寝，三朝五门，左祖右神，中轴对称，前宫后苑。

整个故宫长960米，宽760米，占地72万平方米，周边环绕城墙和护城河，四周4门为午门、神武门、东华门、西华门。

故宫的宫城中轴线上有5个主要的门，依次为天安门、端门、午门、乾清门、神武门，其左右为东华门和西华门。整个宫殿以乾清门为界，南半部为前朝，北半部为内廷。

故宫的外朝部分，组成为太和门庭院，太和殿、中和殿、保和殿三大殿，文华殿以及武英殿。

故宫的内廷部分，分3路。中路包括由乾清宫、交泰宫、坤宁宫组成的后三宫，嫔妃住所的东西六宫，皇帝的住所养心殿。西路包括慈宁宫、慈宁花园、寿安宫、寿康宫。

神武门 紫禁城北门。建于1420年，初名玄武门，取古代"四神"中的玄武，代表北方之意，后因避康熙帝玄烨名讳改名神武门。城台开有三门，帝后走中间正门，嫔妃、宫吏、侍卫、太监及工匠等均由两侧的门出入。清代选秀女，将嫔妃迎入宫中均走此门。1924年，逊帝溥仪被驱逐出宫即由此门离去。

壮丽皇宫

三大故宫的建筑壮景

■ 北京故宫建筑

午门 是紫禁城的正门，位于紫禁城南北轴线。此门居中向阳，位当子午，故名午门。明代皇帝处罚大臣的"廷杖"也在午门举行。每逢重大典礼及重要节日，都要在这里陈设体现皇帝威严的仪仗。

东路包括皇极殿、宁寿宫、养性殿、乾隆花园。此外还有斋宫、东五所、西五所、南五所等。

故宫占据了整个北京最重要的黄金地段，从总体的布局上体现了择中立宫的思想。

故宫在利用建筑群烘托皇帝的崇高与神圣方面达到了登峰造极的地步，主要是在1.6千米的轴线上，用连续、对称的封闭空间，逐步展开的建筑序列来衬托出三大殿的庄严崇高与宏伟。

在建筑的整体中突出了重点，即太和殿。故宫的建筑群由南向北延伸，随着空间和形体的变化，在太和殿形成高潮。从总的布局看，深、宽、高都集中在太和殿。

故宫建筑在形体、空间、色彩等方面采用了一系列的对比手法，造成了一种多样的统一。

一是大与小的对比。在宏伟的天安门城楼下，巧妙地安置了两间火柴盒子似的小屋，这小屋除了它特有用处外，在艺术上起到了对天安门的烘云托月作用。

二是高与低的对比。为烘托太和殿的崇高，周围采用了低矮连续的回廊。这让太和殿在低矮回廊之间更显示出高大的身姿。

三是宽与窄的对比。这是一种欲放先收的手法。从正阳门到太和殿所形成的狭长空间与太和殿前广阔的空间形成强烈的空间对比。

四是明与暗的对比。故宫在色彩上给人的强烈印象是金碧辉煌。金黄色的琉璃瓦与青绿色为基调的檐饰相对比，在蓝天、白云辉映下显得非常辉煌。

五是繁与简的对比。雕梁画栋，镂金错彩，这就是繁。这与殿外单色调红墙和黄色琉璃瓦屋顶形成一种繁简对比。

六是方与圆、曲与直对比。如天安门、端门门洞是圆形，午门的门洞是方形。又如笔直的中轴线与弧

镂金错彩 镂金是指雕刻金子的工艺之一。用手工雕刻出镂空的金子。错彩是指涂抹彩色的颜料形成美丽的图案。这个词合成的意思是指装饰得非常奢侈华丽。也有用在文学上形容文字内容浮华的意思。

古代建筑杰作

北京故宫

■ 故宫金水河

紫禁城角楼

形的金水桥形成曲与直的对比。

七是动与静的对比。建筑本身是静止的，但由于空间与形体变化却呈现出流动的节奏感，有序曲、有高潮、有尾声。如果说正阳门是序曲，那么太和殿则是高潮，景山公园就是尾声。

建筑学家们认为故宫的设计与建筑，是一个无与伦比的杰作，它的平面布局，立体效果，以及形式上的雄伟、堂皇、庄严、和谐，建筑气势雄伟、豪华壮丽，是我国古代建筑艺术的精华。

阅读链接

北京故宫之所以能完整保存下来，要非常感谢一个人，就是江苏省无锡人、前文化部部长陆定一。

在20世纪60年代初，曾有人提出故宫"地广人稀，封建落后"，要对它进行改造。改造方案，是在故宫内部建设一条东西向的马路，并将文华殿、武英殿改造成娱乐场所。

后来的"整改方案"，是在太和殿前竖立两座大标语牌，一东一西，高度超过38米高的太和殿，用它压倒"王气"；太和殿宝座要扳倒，加封条；在宝座台上塑持枪农民的像，枪口对准被推翻的皇帝。把中和殿改建为"人民休息室"，把一切代表封建意识的宫殿、门额全部拆掉。

陆定一得知消息，拍案大怒，在他据理力争之下，这个荒唐的改造方案没有得以实施。才让后来的人们有幸目睹故宫昔日的风采。

沈阳故宫

　　沈阳故宫，又称"盛京皇宫"、陪都宫殿或留都宫殿等。它始建于1625年，后经康熙帝、乾隆帝不断地改建、增建，形成了今日的宫殿规模。这是清王朝亲手缔造的第一座大气庄严的帝王宫殿建筑群，其浓郁的满族民族风格和我国东北地方特色，都是北京明清故宫所无法比拟的。

　　作为满汉民族建筑艺术融合的范例，沈阳故宫既是我国最著名的历史古迹和旅游胜地，也是当之无愧的优秀世界文化遗产。

努尔哈赤建造皇宫

　　沈阳故宫作为清王朝初始时期历史的实物见证，也是世上仅存的我国少数民族地方政权宫殿。谁设计并建造了沈阳故宫？

　　对于这个问题的答案，历史上至今已有各种版本，虽各有依据，但至今没人能够确认。

历史把我们带回到1621年。这一年，清太祖努尔哈赤统率女真族部队占领了辽宁省的沈阳和辽阳之后，为了巩固其统治政权，由新宾县迁都于辽阳，并在辽阳建立了东京城。

■ 努尔哈赤（1559—1626），1559年出生于建州左卫苏克素护部赫图阿拉城。是后金政权的建立者，清王朝的奠基人和主要缔造者。努尔哈赤制定了厚待功臣的重要国策，对"开国元勋"，给予特别礼遇和优待。

■ 沈阳故宫匾额

这对于当时的后金政权来说，无异于是一个重大的喜讯。因为有了自家的根据地，进可攻退可守，就算是与当时的明朝政府抗衡也不是没有可能，就算是不抢夺大明的江山，也可以跟大明朝的皇帝谈谈议和条件，至少可以用马匹、皮草之类的当地特产换一些粮食或者衣服之类的生活用品。

侯振举作为一个已经归顺努尔哈赤旗下的一分子，为汗王努尔哈赤取得如此高的成就而感到高兴。

侯振举是山西省介休县人，因为善于烧制陶瓷制品而深受汗王努尔哈赤的喜爱。为了表示衷心，侯振举精心烧制了一批琉璃制品，专程进献给努尔哈赤。

努尔哈赤虽贵为汗王，但是也没见过这些精美的琉璃碗、琉璃盘，他高兴地说：“你进献来的这些琉璃碗、盘是非常好的东西，是对我们的发展有好处的

女真族 我国古代生活于东北地区的古老民族，6—7世纪称"黑水靺鞨"，9世纪起始更名女真。直至17世纪初建州女真满洲部逐渐强大，其首领努尔哈赤建立后金政权，至皇太极时统一女真各部，改女真族号为满洲，后来满洲人又容纳了蒙古、汉、朝鲜等民族，逐渐形成了今天的满族。

■ 沈阳故宫石狮子

御窑 解释有两种，一种是指常见官窑之中质量上乘的作品，过去烧造官窑通常一个品种上百件，完美无瑕的是皇室御用。百余件官窑作品中品相前十名的是御窑。另一种御窑的解释是官窑中极为特殊的品种，比如说常见的乾隆赏瓶。

东西。这些东西比金银还值钱。"

他又接着说："金银有什么用，饿了也不能当饭吃，冷了也不能当衣服穿。还是你这个工匠烧制的东西有用，这些东西才是真正的宝贝。来人啊，给侯振举升官，赏银20两。"

侯振举一下子成了努尔哈赤眼中的红人，他再接再厉，继续为汗王努尔哈赤敬献琉璃碗、琉璃盘以及绿釉烧制的瓦和盆。

1622年，侯振举负责的缸窑岭琉璃窑被努尔哈赤封为"御窑"。由此，侯振举的民窑便更名为皇瓦窑，成了汗王御用官窑。

1625年春天，努尔哈赤突然决定把都城从辽阳迁往沈阳。并且，他们几乎是在一夜之间就完成了这项不可思议的任务。

努尔哈赤为何如此"仓促迁都"？民间一直流传

着一些说法。

传说，努尔哈赤深信"传统风水学"，他按照风水先生的指点，在当时的东京城西南角修建娘娘庙；在东门里修建弥陀寺；在风岭山下修建千佛寺，想用3座庙把神龙压住，以保龙脉的王气。

但是，3座庙宇只压住了龙头、龙爪和龙尾，城里的龙脊梁并没被压住。于是龙一拱腰，就要飞腾而去，一直向北飞到浑河北岸。

努尔哈赤以为龙是奉天旨意，命他在龙潜之地再修造城池，于是一座新城便拔地而起，并将此命名为"奉天"。

又因为浑河古称沈水，风水中有关阴阳的规定为：山的南面为阳、北面为阴，水的南边为阴、北边为阳，因为这座城位于沈水北面，所以根据风水学说法，又把这座城命名为"沈阳"。

沈阳是明朝的辽东重镇。在努尔哈赤选沈阳作为新都城的时候，它已经在女真人的掌握

■ 官窑烧制的琉璃瓦

陪都 是指因政治地理原因或其他政治军事形势的原因，朝廷或国家在正式首都之外选择特定地理位置所建立的辅助性首都。在我国最早出现于殷商时期，始于西周。当时西周都城在镐京，周武王为了加强对东方诸地的控制，因而在洛阳首建陪都。此后，被不少朝代沿用。

之中。沈阳地势较平坦，人也不多，是中等城市，主要是地理位置优越，有着重要的军事根据地的作用。

所以除了风水原因之外，沈阳的战略地位，在努尔哈赤看来也是必须选择为都城的一个因素。

长城之南，北京城里有明朝皇宫紫禁城，努尔哈赤看着眼红，因为自己贵为汗王，还没有属于自己的大型宫殿，这样于颜面上也说不过去。

于是，努尔哈赤决定自己也在沈阳城内修建一所属于自己的皇宫紫禁城。

当努尔哈赤作出这个决定的时候，首先想到的人就是曾经给自己进献琉璃缸、绿釉碗的侯振举。

侯振举是能工巧匠，他烧制的琉璃制品天下一绝，于是侯振举就作为沈阳故宫的设计者和建造者同众多工匠一起开始努力地工作起来。

可惜努尔哈赤寿禄不够长，刚刚决定盖房子，就

■ 努尔哈赤雕像

■ 皇太极（1592—1643），清太祖努尔哈赤第八子，母为侧福晋叶赫那拉氏。1626年，继位后金可汗，改年号为天聪，史称"天聪汗"。他是第一位当大清皇帝的人，这是他个人权势的升华，也是他父亲努尔哈赤创建后金国以来的划时代的飞跃。

撒手人寰，1626年的秋天，努尔哈赤出师未捷身死先。他的死因也成为历史上的一大谜案。

努尔哈赤死后，他的儿子皇太极成为汗王的继承人。皇太极为了完成父亲的遗愿，继续修建沈阳故宫。沈阳故宫修建共用11年时间才完成。

沈阳故宫建成于1636年，至1644年农历八月年仅6岁的福临决定迁都北京，这座昔日皇家宫殿才成为陪都的宫殿。

阅读链接

侯振举到底是不是沈阳故宫的真正设计建造者是有争议的。因为在当时，工匠之类的人属于下等人，并不会被收录到历史文献中。

不过在清朝乾隆年间，乾隆帝曾经下令为侯振举的后人修家谱。从这一点就可以看出侯振举这一家绝对不是寻常百姓可比拟的。

之所以说侯振举是沈阳故宫的设计者，也是因为侯振举给沈阳故宫提供了琉璃瓦。他曾经参与施工，或许当时的后金政权还没有想过盖个房子还需要什么设计，因为我们现在看沈阳故宫的样式，几乎和当地的房子式样类似，只不过是红墙黄瓦、描金镶宝，多加了些修饰罢了。或许根本不需要真正意义上的设计师来设计。

皇太极时修建的议政宫殿

　　沈阳故宫中宫殿数量极多，在这些金碧辉煌的宫殿中，最为重要的也是皇上使用最多的宫殿，就是他们商议国家大事的宫殿——大政殿，也就是皇上处理政务的地方。

　　大政殿建于1625年，设计之初是作为努尔哈赤的金銮殿来使用的，最早称为"大衙门"，俗称"八角殿"， 1636 年定名为"笃恭

沈阳故宫大政殿

殿"，康熙时期更名为"大政殿"。

　　大政殿位于东路院落正北居中，为八角形尖顶的建筑，屋顶覆盖黄色琉璃绿色瓦饰，在殿身内部使用一圈柱列与斗拱，从空间的使用性质说是使建筑内部空间形成内、外两部分，形成回字形的槽形空间。

　　沿殿前台阶而上，首先映入眼帘的，便是两条蟠柱金龙。金龙翘首扬爪、盘旋直上、呼之欲出。大殿内，地坪正中为木雕金漆宝座，背倚巨大的木雕金漆屏风。殿内顶棚朝廷，雕刻降龙藻井，四周则配以木雕垂莲、福、禄、寿、喜字天花和梵文。

　　内柱柱头之间全部用透雕花板连接。殿内还高悬乾隆帝、道光帝等皇帝东巡盛京时题的匾联。尤其令人感叹的是，这座金碧辉煌、雄伟巍峨的大殿，从里到外竟然没有用一根铁钉子。

　　八面殿身均设隔扇门，每面6扇。殿身坐落在每边长9米，高7米的须弥座台基上，从地面算起，殿总高21米。台基东、南、西、北四出踏跺，东西各9

梵文　梵文为印度雅利安语的早期名称，印度教经典《吠陀经》即用梵文写成，其语法和发音均被当作一种宗教礼仪而分毫不差地保存下来。19世纪时梵语成为重构印欧诸语言的关键语种。

攒尖顶 即攒尖式屋顶，宋朝时称"撮尖""斗尖"，清朝时称"攒尖"，是中国、日本、朝鲜古代建筑的一种屋顶样式，其特点是屋顶为锥形，没有正脊，顶部集中于一点，也就是宝顶，该顶常用于亭、榭、阁和塔等建筑。

级，北为12级，正南两组15级踏跺，正中有御路夹云龙石雕，通向阶下月台。

设计者没有采用满族传统的硬山建筑形式，而是打破常规选择了八角重檐攒尖顶的亭式建筑，这种独特的建筑造型在皇家的主要议政建筑上是很少见的。

大政殿宫殿尚未建成使用，努尔哈赤就病逝了，因此它并未发挥设计之初的功用。

皇太极时期才将大政殿修建完好，但其作用却发生了变化，而将其作为议会、集会等重大活动最庄严、最神圣的地方，诸如皇帝继位、宣布重大军事活动的进军令、颁布大赦令等重要政令、迎接凯旋将士、举行国宴等重要仪式都要在此举行。

十王亭作为东路努尔哈赤时期"诸王议政之所"，是由左右翼王亭和八旗亭组成，分别按照八旗的等级方位分布在大政殿前广场的两侧。

十王亭说是"亭"实际上也是10座"宫殿"建

■ 沈阳故宫十王亭

■ 沈阳故宫万字炕

筑。10座宫殿的规模、形制、样式比较类似但是大小略有不同。十王亭为歇山卷棚顶周围廊亭式建筑，青砖青瓦，红柱红门，外廊四角各3根柱子。室内仅一间见方，没有柱子支撑。

十王亭即是努尔哈赤修建，左右翼王亭就不说了，因为翻遍清史也没有关于左右翼王的记载，究竟这两座亭子是不是摆设也未可知。

单说八旗王亭，努尔哈赤其实是以亲疏以及自己宠溺来定排序的，左右两边的第一层次由北向南，以北为上，是自己亲统的镶黄和正黄。

两边的第二层次是正白和正红，正白是皇太极的，这是努尔哈赤最为中意的接班人，正红旗是代善的，这是他嘱咐持国的次子。

第三层次是努尔哈赤的两个孙子，长子长孙杜度的镶白旗和代善长子的镶红旗；第四层次则是自己最不喜欢的五子莽古尔泰的正蓝旗，和被他杀掉的兄弟

多铎（1614—1649），全名爱新觉罗·多铎，清初传奇名将。清太祖努尔哈赤第十五子，他为镶白旗主，时人通称十王。清太宗皇太极时，屡有战功，他与哥哥多尔衮都是覆灭明朝的元勋。

舒尔哈齐的儿子阿敏。

十王亭由北向南，亭子的规模是越来越小的，由此可见一斑，努尔哈赤定十王亭尊卑时，确是以自己亲疏喜好排列建造的。

当年十王坐殿办公的时候可以坐在面向广场的炕上，这也是不同于其他议政建筑的特点。另外十王亭这种实用性的室内空间布局的特点，是与其建筑的使用方式分不开的。

崇政殿坐落在沈阳故宫的中路，是皇太极时期的"金銮殿"，也是沈阳故宫的正殿，是沈阳故宫的标志性建筑之一。

崇政殿为5间9檩硬山式建筑，建在1米高的台基上。南北均为红色隔扇门，前后辟有檐廊和台阶，并有精美的石雕栏杆装点，古朴秀丽。

殿顶为黄色琉璃瓦，绿色剪边，在正脊、垂脊、博风、山花等部位，设有黄、绿、蓝色的琉璃构件，上面雕有行龙、宝珠、瑞草等图案，将殿檐打扮得绚丽多彩，好像为殿檐镶嵌上了彩色的花链。

殿顶四角装饰着多种颜色的羊、狮、龙、海马等脊兽，栩栩如生，充满活力。山墙的墀头装饰着彩色的飞龙、麒麟等琉璃图案，更加彰显了皇家建筑的华丽与尊贵的气概。

最引人注目的是，在前后檐廊上各有6根红色的

■代善（1583—1648），为努尔哈赤的次子，也是清代一位杰出的政治家和军事家，初封大贝勒，与阿敏、莽古尔泰、皇太极，并称四大贝勒。勇武善战，多有战功。他对清朝的建立作出了重大贡献。

爱新觉罗·莽古尔泰（1587—1632），清太祖努尔哈赤第五子，爱新觉罗氏，努尔哈赤第二位福晋富察氏所生，后金的四大贝勒之一。他骁勇善战，在后金与明朝的战争中发挥了重要作用，后因涉嫌谋反被处死。

方形檐柱，柱顶部分各有一龙头和前爪探出廊外，目视远方，龙身和后爪则在廊内，而龙尾却留在了殿内。整体看去，仿佛是12条巨龙从殿内飞出。那雄姿让人赞叹，那气势使人震撼。

在殿前的石阶下，连着宽敞的白石青砖月台，和崇政殿形成了一个有机的整体。月台的东南角立有日晷，西南角设有嘉量亭，均为大理石雕造而成。日晷为古代计时器，嘉量为古代计量器，两种物件象征着皇权主张的公平和正义。

崇政殿的外观，纯朴大方又有华丽的气质，精美紧凑不失壮观的景色，其多彩的视觉与其建筑外形和谐相映，既体现了宫廷的高贵，又透露出浓郁的地方民间气息，充分展示了满族的建筑风格和特色，在国内宫殿建筑中可以说是独树一帜。

崇政殿的里面，更是秀丽迷人，肃穆威严。殿堂

■ 沈阳故宫崇政殿匾额

内5间贯通，不设隔断，没有吊棚，上上下下横竖交错的殿柱梁架一览无余，所有的木架构都装饰着彩绘或雕刻，形成了一处彩云飘逸、百花吐艳、龙飞凤舞的多样空间。

你能看见那大大小小的梁架如同一道道腾空飞舞的彩带，粗壮的殿柱携带着盘龙拔地而起，椽间望板上的万朵浮云托起了蓝色的天空。身临其处，仿佛是来到了美丽的仙境。

在清军入关后，康熙帝、乾隆帝、嘉庆帝、道光帝几位皇帝东巡盛京期间，都曾在崇政殿接受群臣的朝贺典礼，庆祝自己祭陵大典成功。为了表达对崇政殿的敬仰，从乾隆时起，皇帝把一些相关的题咏诗章手迹制成匾联悬挂在殿内，成为后人永久的记忆。

崇政殿见证了皇太极时期的辉煌。大清建立以后，八旗军不断取得胜利，崇政殿也跟着热闹非常。元旦、万寿节、太祖实录告成、皇子娶妻、公主下嫁、明朝重要官员的归降等仪式，以及接待外邦宾客来盛京进贡、朝觐等都是在崇政殿隆重举行。

崇政殿是在后金政权建立不到20年的时间里，就按照本民族所喜爱的火爆热烈和纯朴自然的审美习俗，建造的大清国的第一座"金銮殿"，并以此开辟了大清的历史征程，从而充分反映出崇政殿的功德与价值。

迪光殿是一座3间歇山前后廊式建筑，建于1746年至1748年间，为清帝东巡期间驻跸时处理国家军政要务之所。

迪光殿之名为乾隆帝钦定。迪，语出《尚书》太上篇，有"启迪"之意；光，语自《易经》的坤卦，"含弘光大，品物咸享"。迪光，即"欲迪""祖宗谟烈"之光。

迪光殿屏风上刻嘉庆帝"御制瑞树歌"，共269字，用以警示皇帝本人时刻不忘祖宗创业的艰辛。屏风前的宝座雕漆精妙，开光处刻画着"太平有象、万方来朝"，用以显示八方归顺，天下一统的美好寓意。

宝座左右各摆设云石面方几一架，上面各有一尊碧玉雕成的驮宝瓶，寓意着江山永固，天下太平。宝座前方两侧各陈设一只瑞兽。

我国古代传说，这种神异瑞兽，能日行一万八千里，通晓四夷语言。殿内设瑞兽，用来显示帝王开张圣听之贤德。

迪光殿东西间的东西墙上，各悬漆质挂屏一面，其下条案上陈设着青花贯耳瓶、青花双耳瓶和青花葫芦瓶、霁红瓶。

另外，东西两侧各设插屏式大型门厅镜一面，它们除了有屏风的功能外，还告诫皇帝要正身廉直，不忘反省言行的

139

满汉艺术杰作

沈阳故宫

■ 沈阳故宫崇政殿内景

沈阳故宫迪光殿内景

得失。

迪光殿前是东西配殿；殿后是保极宫、继思斋、崇谟阁和七间殿，由前后长廊相连。

迪光殿的整组建筑极其精致，包括殿宫、轩榭、门廊等，各个细部在内的建筑造型和宫内陈设，都倍加推敲，穷尽曲径通幽之妙，富贵华丽。

阅读链接

传说努尔哈赤定都沈阳、建了大政殿以后，从里至外怎么看怎么漂亮，只有一件事觉得不称心，就是殿内缺少一块大匾。于是努尔哈赤传下旨意，命在各处张贴告示，向天下读书人征集匾文。

有一天，努尔哈赤从各地献来的匾文中，看到一份写了这样四句："木多一撇，正少一横，一点不见，两点全欠。"

努尔哈赤想了很久也没有明白上面的意思，后来，写这份匾文的书生告诉努尔哈赤，这是"移步视钦"的意思。其意思是提醒努尔哈赤身为一国之君，坐在龙庭宝座上要时时以国事为重，别忘了老百姓，要经常到下面体察民情，那样才能治理好一个国家，才能使国家繁荣昌盛。

努尔哈赤觉得书生说得很有道理，便命书生把这4个大字写在匾上，高高地挂在了大政殿内正面。

后宫之内突显民族遗风

　　皇帝是无论如何也离不开女人的，皇宫中女人人数众多，她们的住所也是非常华丽美观的。如果说皇帝是皇宫中的"一把手"，那么"皇太后"的身份地位，让皇帝这个"一把手"也会畏惧三分。

　　如何安置好皇太后，也是清朝皇帝要花心思考虑的问题。

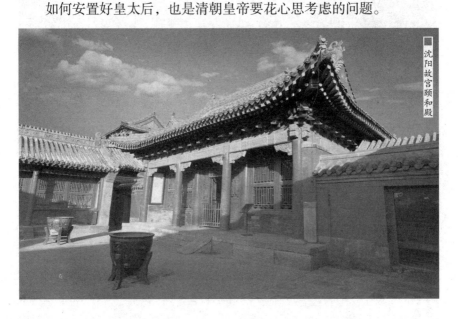

■沈阳故宫颐和殿

颐和殿就是这样一个安置皇太后的"别墅"。颐和殿位于东所内的第二进院内。这里是皇太后居此期间接受朝贺之处，殿内设有宝座屏风，西墙上原有乾隆帝御书联：

> 福凝东海增芝算，
> 祥拥西池长鹤龄。

表达对母亲多福多寿的祝愿。东所的"所"，是清代宫廷中对一些较小规模独立居住院落的一种命名习惯。

当皇太后于此居住之际，东所里要有礼仪活动，最重要一项是皇帝于崇政殿接受群臣朝贺。

■ 沈阳故宫颐和殿内景

庆祝祭祀祖陵大礼告成的当天早上，皇帝要先率诸王公来到东所，太后升坐颐和殿内宝座，皇帝等上殿行三跪九叩头礼，众文武官员则在大清门外排班，在司礼官的导引下同时行礼，礼毕之后，太后回介祉宫，皇帝也回到西所。

这时候，众王公官员在崇政殿前重新排班站位，再举行朝贺皇帝的典礼，由此也可知皇太后地位的重要性。这也是我们千百年来提倡的孝道的必然要求，即使身为皇帝也不能例外。

此外，在此居住期间，皇帝和随驾前来的诸后妃、皇子皇孙，早晨和晚上都要到此给太后请安，有时还要陪着进膳，皇太后的尊贵地位可见一斑。

颐和殿建成后，有两位皇太后来过此处，一位是乾隆帝的母亲钮祜禄氏，于1755年随皇帝东巡；另一位是道光朝的太后，也姓钮祜禄氏，是嘉庆帝皇后，但不是道光帝的生母。

因为皇帝东巡在盛京宫殿内住几日就回北京，所以东所建成至清朝末年，皇太后在东所居住总共也没超过半月。

介祉宫位于故宫中路东所的第三重院落中，建于1746年间，是供随驾东巡的皇太后驻跸的寝宫。

介祉宫宽5间，进深7架房梁那么长，前后廊硬山式建筑，屋顶覆黄色琉璃瓦加饰绿色剪边。前后檐墙明间设隔扇门，次间和梢间均设

支摘窗 也称和合窗，即上部可以支起，下部可以摘下之窗。其内亦有一层，上下均固定，但上部可依天气变化用纱、用纸糊饰，下部安装玻璃，以利室内采光。外层窗心多用灯笼锦、步步锦格心。故宫内支摘窗多用于内廷居住建筑及配房、值房等。

灯笼锦的支摘窗，台阶南北明间处各一出踏跺。

室内中堂有乾隆御题的"式训徽音嗣，颐神景福绥"。西侧4间为敞间，各间之间由雕花落地罩进行分隔，西梢间沿山墙设炕，为皇太后休息和接受皇帝等人的问安之处。

介祉宫从建成到清末，这里只有乾隆十九年和道光九年随驾而来的两位皇太后，总计居住时间10余天，其利用率远低于西所。

凤凰楼的地位和作用很特殊。凤凰楼原名叫"翔凤楼"，位于中路议政建筑崇政殿之后，坐落在后宫区的高台之上，是进出台上五宫的主要门户，为皇太极时期营建的早期建筑之一，其作用是皇太极休息、宴会和读书之所。

凤凰楼建在近4米高的青砖台基上，建筑为三层三滴水歇山顶楼阁式样，屋顶覆以黄琉璃瓦绿剪边。平面正方形，楼身面阔、进深各3间，周围出廊。

■ 沈阳故宫介祉宫

■ 沈阳故宫凤凰楼

　　底层明间前后开设板门，作为进出台上五宫的主
要出入口，南侧有20多级的台阶通往台下地面。二、
三层建筑四周设置围廊勾栏，外檐由较通透的直棂支
摘窗构成，仅南向明间开设4扇看起来像斧头眼的孔
隙的隔扇门。

　　此楼的楼梯并未设于室内，而是设于东西两侧的
周围廊内，由高台院内可以直接登上楼阁，不需要打
开凤凰楼的北门进入室内再登楼。

　　楼阁各层角柱内收，外形轻盈、挺拔，各层的黄
绿两色琉璃瓦与红漆柱、窗、栏杆相映衬，颇为美丽
壮观。檐下的兽面柱头、宽厚雀替和直棂马三箭的窗
棂式样等仍保持与早期古朴的建筑装饰风格一致。

　　凤凰楼位于后宫高台上的南端，其功用之一是作
为后宫的大门。由于建造凤凰楼时皇太极刚即位，与
中原的征战尚未平息，自我防范的意识体现在建筑

隔扇门 是指装
于建筑的金柱或
檐柱间带格心
的门，也称格扇
门。我国古代建
筑最常用的门扇
形式，唐代这种
门已经出现，宋
代以后大量采用，
一般用于民间的
装修。整排使
用，通常为4扇、
6扇和8扇。隔扇
主要由隔心、绦
环板、裙板三部
分组成。

壮丽皇宫

三大故宫的建筑壮景

■ 沈阳故宫凤凰楼全貌

万字炕 或称"转圈炕""拐子炕""蔓枝炕"等。满族的火炕有自己的特点。环室为炕。卧室内南北对起通炕，西边砌一窄炕，也有的西炕与南、北炕同宽的，与南、北炕相连，构成了"冂"形。烟囱通过墙壁通到外面。炕既是起居的地方，又是坐卧的地方。

中，形成了具有防卫、眺望功能的门楼形式。

加上高台四周设置的高墙和用以巡逻的更道，以及凤凰楼底层设置封闭性很强的实墙和厚厚的板门，这些都增强了建筑的防卫作用。

台上五宫之所以叫"台上五宫"，是因为沈阳故宫的整个后宫建在高台之上，并高于前朝的宫殿，这种"宫高殿低"的特色反映了满族的传统和习惯。

沈阳故宫台上五宫建筑指的是位于中路中轴线上崇政殿和凤凰楼之后的寝宫部分，包括正房清宁宫和东宫关雎宫、西宫麟趾宫、次东宫衍庆宫以及次西宫永福宫，五宫共同围合成合院式的院落布局。

此外，清宁宫东西墙外靠北侧还有两座小配宫，为没有名号的侍妾和宫女居住的宫殿。

四座配宫分别位于清宁宫前东、西两侧，是崇德元年皇太极改元称帝后晋封的4位皇妃的寝宫。

东宫关雎宫住宸妃，西宫麟趾宫住贵妃，淑妃居住在东次宫衍庆宫，庄妃居住在西次宫永福宫。四配宫均为5间前后廊硬山式建筑，黄琉璃绿剪边屋顶。

不同于清宁宫结构的是，这些后宫建筑明间开门，室内为外3间里两间的格局，即正门内明间搭设锅灶，和南侧两间相连，设有联通两间的万字炕。北侧两间内设有暖阁用于居住，外间则是接待客人和用餐等日常活动之处。

清朝初年，后宫的建制并没有后来规定的那样完善，皇帝的主要妃子也就只有四五个。所以，后宫的建筑规模并不是特别壮观，不过尽管如此，东北风情浓厚的口袋房和拐子炕，确实是其他皇宫中少有的特色。

阅读链接

介祉宫位于崇政殿之东，也就是沈阳故宫的东所内第三个进院，是乾隆年间所建供东巡期间皇太后钮祜禄氏使用的行宫，皇太后每天都会在这里接受乾隆帝率妃嫔到此请安。

钮祜禄氏是雍正帝的妾室，雍王登基为雍正帝，先封钮祜禄氏为熹妃，进而晋为熹贵妃。但是她生了个好儿子——乾隆帝。雍正帝对弘历从小就宠爱有加，弘历25岁即帝位，根据雍正帝遗命，母以子为贵，封熹贵妃为皇太后。自此以后，钮钴禄氏因儿得福。

但民间也有野史说，乾隆帝并不是皇太后的亲生儿子，是皇太后身边的婢女为解王妃忧虑，设计将乾隆帝"调了包"。但这种说法无论是从史书记载来看，还是当时皇族生子的严格规矩来看，都是无稽之谈。

乾隆帝兴建御用藏书阁

圣海沿迴

■ 沈阳故宫文溯阁内景

作为皇帝，必须有很强的学习能力，只有自身的各方面知识充裕，才能有足够的经验和能力去处理国内纷繁的政务。文溯阁就是在这个需求之下建立的皇帝御用图书馆。

文溯阁建于1781年至1783年，为西路建筑中的主体建筑，是仿照明代浙江宁波大藏书家范钦的"天一阁"修建的，专门收藏乾隆时期

■ 沈阳故宫文溯阁

编撰的大型图书《四库全书》，也是全国存放《四库全书》的著名七阁之一。

阁名是乾隆帝钦定的，取"溯涧求本"之意，以示自己身处盛世仍不忘祖先开基创业之艰难，兢兢业业治理国家。因此取名为"文溯阁"。

文溯阁的建筑颇为奇特。它是在故宫的西路增建的。故宫西路的宫殿百余间，主要布局却是分为两区，由南至北前部是嘉荫堂、戏台，后面是文溯阁。

文溯阁的色彩与其他宫殿截然不同。一般宫殿殿顶都采用黄琉璃瓦绿剪边及五彩饰件，而文溯阁用的则是黑色琉璃瓦绿剪边。这在沈阳故宫建筑中是独一无二的。

所有的门、窗、柱都漆成绿色，外檐彩画也以蓝、绿、白相间的冷色调为主，这与其他宫殿红金为主的外檐彩饰迥然不同。

天一阁 位于浙江省宁波市区，是我国现存最早的私家藏书楼，也是亚洲现有最古老的图书馆和世界最早的三大家族图书馆之一。天一阁占地面积2.6万平方米，建于明朝中期，由当时退隐的兵部右侍郎范钦主持建造。

■ 沈阳故宫文溯阁
内景

硬山顶　即硬山
式屋顶，是我国
传统建筑双坡屋
顶形式之一。房
屋的两侧山墙同
屋面齐平或略高
出屋面。屋面以
中间横向正脊为
界分前后两面
坡，左右两面山
墙或与屋面平
齐，或高出屋
面。高出的山墙
称风火山墙，其
主要作用是防止
火灾发生时，火
势顺房蔓延。然
而从外形看也颇
具风格。常用于
我国民间居住建
筑中。

其彩绘画题材也不用宫殿中常见的行龙飞凤，而
是以"白马献书""翰墨卷册"等与藏书楼功用相谐
的图案，给人以古雅清新之感。

它之所以采用黑色琉璃瓦为顶，是根据五行八卦
之说，黑代表水，书最忌火，以黑瓦为顶象征以水克
火之意。

文溯阁的东侧建有一座碑亭，碑亭顶为黄琉璃
瓦，造型独特。亭内立石碑一通，碑亭内石碑背面刻
有乾隆帝撰写的《宋孝宗论》。碑文详细记录了建阁
经过和《四库全书》的收藏情况。

《四库全书》是清乾隆时期主持编撰的百科全
书。它的内容是十分丰富的。按照内容分类，分经、
史、子、集4部分，部下有类，类下有属。全书共4部
44类66属。

《四库全书》结构严谨，是我国古典文献中的珍

贵遗产，对于弘扬和传播民族文化具有重要意义。因此，为了保留下这样一部伟大的著作，所以才专门修建文溯阁来收藏此书。

因为文溯阁里的藏书数量很多，不太方便皇帝随时取用阅读，所以皇帝就特别修建了仰熙斋作为自己的御书房，这个地方还是皇帝读书吟诗的场所。

仰熙斋与文溯阁的功能关系比较紧密，在布局上通过高于院落的御阶和院周的抄手游廊将仰熙斋与文溯阁相连，形成了西路围合的又一组院落。

仰熙斋为面阔7间前后廊硬山顶式建筑，屋顶覆黄琉璃瓦绿剪边。仅明间前后各开4扇隔扇门，其余6间均设支摘窗。建筑通面阔约23米，室内进深很小。仰熙斋的东西两侧还建有耳房两间，作为侍从候传之处。

东耳房与仰熙斋通过东尽间南向的小隔扇门联系，西耳房则通过仰熙斋东山墙上的旁门之间联系，通过院两侧的抄手游廊取用书籍很是方便，即便在阴雨天也不会影响书籍的取阅。

清朝的皇帝对汉文化是很推崇的，所以他们很愿意多花时间读汉学著作，对于儒家文化的吸收和传播，满

抄手游廊 其名字是根据游廊线路的形状而得名的。一般抄手游廊是进门后先向两侧，再向前延伸，到下一个门之前又从两侧回到中间。在院落中，抄手游廊都是沿着院落的外缘而布置的，形似人抄手时，胳膊和手形成的环的形状，所以叫抄手游廊。

■ 文溯阁里的藏书

■ 文溯阁匾额

汉文化的融合等方面，清朝的皇帝做得相当出色，皇帝对汉文化的认可在很大程度上缓解了民族矛盾。

　　所以清朝的江山维持了200多年。有了这样的成绩，估计也是和这两所提供图书阅读的文溯阁和仰熙斋有着密切关系。

阅读链接

　　乾隆帝为什么会修《四库全书》呢？很多人觉得乾隆帝是好大喜功，觉得自己的江山治理得还算不错，想着著书立说，给自己歌功颂德。

　　其实真正的原因并不是这样的。清王朝作为少数民族统治者，时刻担心自己的统治地位不稳固，所以要借修《四库全书》之名来彻查当时知识分子的思想对朝廷是否有异心。

　　在所有搜罗来的书籍中，凡是对统治者不利的一律销毁。对于其中有异心的知识分子实施杀戮。这才是修《四库全书》的真正目的。